Vivant dans le Monde des Esprits

Romance de l'Esprit
Patrícia
Psychographie de
Vera Lúcia Marinzeck De Carvalho

Traduction en française :
Pierr Cárdenas Taipe.
Lima, Pérou, février 2020
Titre original en portugais:

« Viviendo no Mundo *dos Espíritos* »
© *Vera Lúcia Marinzeck de Carvalho, 1993*

Révision:
Sthefany Albornoz Cáceres
Lizeth Pineda García

World Spiritist Institute

Houston, Texas, USA
E-mail: contact@worldspiritistinstitute.org

INDEX

PROLOGUE 5
1.– Nouveaux Amis 7
2.– Colonies 13
3.– Refuge Charité et Lumière 22
4.– Poste de Surveillance 38
5.- Samaritains 50
6.– Désincarnation 61
7.– Séparation 69
8.- Réincarnation 78
9.– Cause et effet 89
10.– Action et Réaction 98
11.- La folie 109
12.- Obsession 120
13.– Commandes 133
14.– Le Seuil 146
15.– En savoir plus sur le Seuil 159
16.– Appareils et pensées 170
17.- Création de la Terre 176
18.– La Conférence et la Foire du Livre Spirite 183
19.– Vices 191
20.– Remerciements 204

De la Médium

Vera Lúcia Marinzeck de Carvalho (São Sebastião do Paraíso, 21 octobre) est une médium brésilienne.

Depuis son enfance, elle est consciente de sa médiumnité, sous la forme de la clairvoyance. Un voisin lui a prêté le première ouvrage spirite qu'elle a lu, « Le Livre des Esprits », d'Allan Kardec. Elle a commencé à suivre la Doctrine Spirite en 1975.

Elle reçoit des œuvres dictées par les Esprits Patrícia, Rosângela, Jussara et Antônio Carlos, avec lesquels elle a commencé la psychographie, pratiquant pendant neuf ans jusqu'à la sortie de sa première œuvre en 1990.

Le livre « Violetas na Janela », de l'Esprit Patrícia, publié en 1993, est devenu un best-seller au Brésil avec plus de 2 millions d'exemplaires vendus ayant été traduits en anglais et en espagnol et adaptés au théâtre.

Cette nouvelle traduction de « Violettes dans la Fenêtre » est un premier aperçu des trois autres livres dictés par sa nièce Patricia : « Vivant dans le Mondes des Esprits », « La Maison de l'Écrivain » et « Le Vol de la Mouette » tous traduits et disponibles par **World Spiritist Institute**.

PROLOGUE

Depuis les temps anciens, l'histoire humaine nous a apporté des nouvelles essentiellement de deux types caractéristiques d'hommes : les héros ou les saints, et le mal ou les obscures, les deux avec leurs prix ou punitions conséquentes.

Les rapporteurs ne nous disent pas ce qui arrive aux millions d'hommes qui viennent, vivent, passent par la Terre et ne laissent aucune trace. Des hommes dont la vie a été diluée au milieu de la multitude. Des hommes qui, avec leur travail et leur dévouement, ont donné aux héros les conditions pour accomplir leurs grandes œuvres. Des hommes qui sont venus et ont vécu sous la pression de la société ou ont été pratiquement réduits en esclavage par les plus astucieux. Au cours de ces millions d'années, la race humaine n'a pas encore vécu une bonne vie, à l'exception de quelques-uns.

Dans ce livre, nous avons dans le personnage central une personne qui a bien vécu, quand elle était dans le monde physique.

Bien qu'elle soit une personne ordinaire, sa vie fraternelle a été la cause d'une passe douce et tranquille au monde astral, même parce qu'il ne pouvait pas en être autrement. Les lecteurs auront l'occasion de confirmer les enchantements de la vie, accompagnant le personnage, bien qu'elle ne soit ni une héroïne ni une sainte.

Vous verrez la beauté et l'harmonie de la vie, quand l'homme rencontre spontanément l'intégration cosmique. La vie donne à votre enfant la vitalité, la joie et l'amour qui ne sont pas contaminés par les passions mondaines.

Pour le personnage central, l'affection et l'amour de quelqu'un qui pendant une période pas trop longue a été son père.

José Carlos Braghini,
São Sebastião do Paraíso, MG – 1993

1.– Nouveaux Amis

Saturée d'enthousiasme et de joie, non pas à cause de cette euphorie passagère qui nous arrive parfois dans le monde, mais à cause d'un état permanent qui implique de beauté toutes les choses que nous voyons et touchons, avec cette état d'Esprit que je me suis présenté dans le département de l'école à laquelle j'ai été destinée. Je suis entré seule, j'ai traversé la cour et j'ai marché jusqu'à l'endroit où je répondrais aux critères pour le cours que j'allais commencer. Le peu que je savais sur ce cours me laissera impatiente de le faire. Je suis entré dans la salle où nous allions avoir la première réunion du groupe. En franchissant la porte de la salle de classe, j'ai vu que beaucoup étaient déjà arrivés et que tous me saluaient. De salutations accompagnées d'un sourire franc et d'une loyauté, que j'ai grandement apprécié dans ma relation avec mes collègues quand j'étais incarnée. La salle était grande et agréable. Les bureaux ou les tables étaient confortables et chacun avait un panneau avec le nom du candidat. J'ai cherché le mien et je me suis assis et j'ai attendu. Tous les étudiants sont arrivés bientôt. Je ne connaissais personne, mais ils étaient tous gentils, je me sentais entre amis, pas superficiellement, mais parmi ces gens en qui nous pouvons avoir confiance dans nos affaires les plus intimes. Comme partout où l'attente prévaut, de petits groupes se sont formés dans le cadre d'une saine conversation.

— Attention s'il vous plaît !

Les trois conseillers sont entrés dans la salle. Nous nous sommes assis et nous étions silencieux.

— Je suis Raimundo.

— Je suis Isaura.

— Je suis Frederico.

Les trois instructeurs se sont présentés et se sont placés devant le groupe.

Un autre étudiant a été désincarné moins longtemps, il était trois ans dans cet état. La plupart d'entre eux étaient sur le plan spirituel depuis longtemps et avaient de nombreuses années de travail.

Mme Isaura, une dame qui a une grande connaissance du monde dans lequel nous vivons et qui travaille sur ce cours depuis longtemps, nous a donné, avec un regard aimable et un aspect agréable, quelques explications.

— Ce cours est réalisé de trois façons. Les jeunes et les enfants plus âgés l'ont dans le cadre de l'étude du Centre éducatif.

Les adultes peuvent le faire de deux façons. Ceux qui n'ont pas de connaissances le font dans une plus longue période : trois ans, tandis que ceux qui ont des connaissances le font en neuf mois, comme c'est le cas ici.

Frederico et Mme Isaura se sont assis. Frederico était mon ami et serait notre instructeur. J'étais content de le voir et de l'avoir près de moi. Raimundo répondait à quelques questions et, souriant, parlait un peu de lui-même :

– Je suis sur le plan spirituel depuis soixante ans. Quinze ans à administrer des cours. Dans chaque cours que j'enseigne, j'apprends un peu plus. Maintenant, je suis à la disposition des questions de ce groupe agréable.

Marcella a été la première à demander.

– Ne connaîtrons-nous le plan spirituel qu'à travers les cours ?

– Certainement pas. Beaucoup le connaissent pour leur travail. Mais les cours nous donnent une connaissance plus étendue et complète –. Après une pause, notre professeur a continué avec gentillesse :

– Vous l'aimerez. Tout d'abord, vous aurez des cours théoriques sur un certain sujet, puis vous aurez des cours pratiques dans lesquels, à travers les excursions, vous verrez ce que vous avez étudié dans la salle de classe.

Lors de ces excursions, vous ne serez pas seulement spectateurs, mais vous ferez aussi des spectacles. Nous travaillerons où que nous soyons.

Nous visiterons également des environnements désignés et soutenus par des Esprits ignorants et nous visiterons des îles de soulagement entretenues par des Esprits travailleurs. Nous reviendrons ici pour des discussions et des appréciations dans lesquelles tout le monde donnera des opinions et des suggestions qui seront étudiées et qui pourront être utilisées. Les opinions de chacun seront importantes.

Comme personne ne posait plus de questions, Mme Isaura a expliqué :

–En classe, vous pouvez venir habillé comme vous voulez. Mais lors des excursions, nous porterons un uniforme. Les vêtements sont importants; parce que pour nous, c'est comme une présentation. Vous trouverez des uniformes dans les chambres. Maintenant, nous allons connaître l'hébergement, les chambres qui est l'endroit où l'endroit où vous allez séjourner pendant vos études. Pendant le cours, entre une matière et une autre, vous aurez peu de temps libre. Ce sera neuf mois sans lâche. Dans deux heures, nous commencerons le cours, et le premier sujet sera les Colonies. Profitez de ces deux heures pour mieux vous connaître.

De petits groupes ont été formés et les trois instructeurs sont partis, ils restaient aussi dans des chambres comme la nôtre et avec les étudiants.

– Salut, je suis Nair. Je ne connais personne ici - dit une gentille dame en s'adressant à moi. - Je suis venu d'une autre colonie pour ce cours.

– Ravi de vous rencontrer, Nair. Et si on allait voir l'hébergement ensemble?

J'ai souri, en l'encourageant. Je ne connaissais personne non plus, mais j'allais le savoir et je sentais que j'allais tout aimer. Nair venait d'une petite colonie. Je voulais, comme tout le monde, apprendre. Nous avons quitté la salle et peu de temps après étaient les chambres : il y avait trente d'affilée. Il y avait une étiquette sur la porte avec le nom de chaque participant. Je suis entré dans le mien pour laisser mes quelques affaires. Je me suis senti touché, la chambre était magnifique. J'y passerais de nombreuses heures pendant les neuf prochains mois. J'aime vraiment avoir un endroit pour prier, méditer, être seule à penser et donc la connaissance acquise fournit un environnement pour ma compréhension spirituelle, qui est fondamentale pour moi. La chambre était idéale, peinte en jaune clair, avec des rideaux de dentelle sur la fenêtre, qui donnait sur un jardin fleuri. Il était meublé d'une armoire, d'un lit, d'un canapé et d'un bureau. Ils l'ont décoré de belles lampes et une peinture merveilleuse: un paysage avec la montagne et le lac. La salle de bain était petite, tout était beau et confortable. J'ai mis les photos de ma famille que j'avais apportées sur le bureau, ainsi que les objets que j'utilise pour écrire et étudier. J'ai regardé les photos pendant longtemps. J'aime ma famille et les avoir en vue est très agréable. Il semblait que tout le monde m'a accueilli avec amour et encouragement. Mon père semblait dire : « Je suis fière de vous, ma fille, de savoir, d'apprendre, c'est toujours avoir de nouvelles opportunités. » Ma famille est ma joie, ensemble nous participons en harmonie avec le Créateur. J'ai gardé les quelques vêtements dans l'armoire. L'uniforme était suspendu. C'était un pantalon bleu, une chemise bleue estampillée, avec mon nom brodé sur ma poche. La chemise des hommes était bleue, tout comme le pantalon. La chaussure se composait de chaussons ou de chaussures bleues. Confortable et pratique, j'ai vraiment aimé. Après avoir tout regardé, je suis sorti heureux dans la cour. Tout le monde dans la classe a parlé de façon animée. On était tous ensemble. Je me suis amusée. A quinze minutes de la fin du cours, nous sommes tous allés dans nos chambres pour être un peu seuls.

C'est difficile de décrire ce que je ressentais, parce que j'ai toujours aimée étudier, j'ai toujours rêvé d'apprendre. J'y étais pour mon premier cours d'apprentissage intensif. Je savais beaucoup des livres spirites sur le Plan Spirituel, mais maintenant j'étais désincarné et je le verrais par moi-même. J'ai prié et remercié. Je devais juste vous remercier pour cette opportunité.

Quand j'ai entendu une clochette, je suis allé en classe. C'est Raimundo qui nous a reçus :

– Mes amis, disons une prière pour demander au Maître Jésus d'être notre meilleur conseiller dans ce cours où nous apprendrons à connaître le Plan Spirituel. Que notre Grand Frère soit toujours avec nous et que nous puissions apprendre, aider, tout au long de sa vie. Notre Père...

Avec un sourire agréable, il a donné son premier cours.

2.– Colonies

L'instructeur Raimundo a commencé son explication en nous faisant prendre conscience de l'existence, sur toute la Terre, de colonies spirituelles. Il y en a de nombreux dans tout le Brésil. Les Colonies sont des villes du Plan Spirituel qui abritent temporairement des Esprits désincarnés, en attente de réincarnations.

Ils sont adorables ! Dans chaque endroit où il y a des villes matérielles il y a un espace spirituel et il y a des Postes de Secours et des Colonies. Les petits lieux incarnés, comme les villes, ont aussi leur espace spirituel, sauf que parfois ils n'ont pas de Colonies et leurs habitants, quand ils se désincarnent et, s'ils ont des conditions, vont dans les Colonies voisines.

Les Colonies peuvent être petites, moyennes, grandes et d'étude.

Les Colonies d'études ne sont qu'une école ou une université. Il y a des logements pour les professeurs et les étudiants, des salles de classe, des bibliothèques et d'immenses salles vidéo Ce sont des lieux où les intellectuels rêvent de connaître et de vivre.

Les autres Colonies ont les mêmes bases, sont fermées, il y a des portes, des systèmes de défense, de grands hôpitaux, des écoles, des jardins, des places, des lieux de réunion et de conférence, et le gouvernement. Ils ne sont pas les mêmes et ils ne pouvaient pas l'être. Ils sont tous magnifiques et offrent de nombreuses attractions.

Nous avons vu des films sur Colonies, d'abord les nombreux qui existent au Brésil, puis les principales à l'étranger. L'Inde et le Tibet ont des Colonies charmantes, avec une architecture différente, où ils utilisent une couleur dorée très claire. Ils sont beaux.

La classe théorique était vraiment intéressante. De nombreuses questions ont été posées, et les instructeurs ont répondu avec plaisir

– Qui a fondé les Colonies ? – Marcella voulait savoir.

– Chaque Colonie a ses fondateurs. Ce sont des groupes d'Esprits bâtisseurs qui sont venus au Brésil avec des immigrants. Tout comme les villes se sont formées sur Terre, les Colonies l'ont été aussi. Il y a des Colonies à l'Est, des milliers d'années. Nous vivons en groupes, les plus avancés aidant les plus arriérés, toujours proches les uns des autres. C'est pourquoi chaque ville sur Terre a son noyau spirituel correspondant.

– Avant la Colonisation du Brésil, n'y avait-il pas de Colonies ? Louis a demandé.

– Pas comme celles-ci. Il y avait, en effet, des noyaux spirituels, dans lesquels les orienteurs du Brésil planifiaient déjà la colonisation, protégeaient et guidaient leurs habitants, les indiens.

– Un esprit peut-il entrer dans une Colonie, en essayant de tromper ? Luíza a demandé

– Nous n'avons jamais entendu parler d'un tel événement. Qu'est-ce qu'il ferait ? Il se sentirait mal lui-même de ne pas être son médium. S'il voulait espionner, il ne pourrait pas copier ce qu'il verrait. Il ne pouvait pas tromper, car son mode de vie est différent du nôtre. Presque toutes les Colonies, les villes spirituelles, sont situées à une certaine distance vibratoire de l'orbe de la Terre et, sans les comparer aux mesures physiques, elles se trouvent dans la quatrième dimension vibratoire, à partir de notre Terre bien-aimée.

– Si une ville matérielle était détruite, la Colonie finirait-elle aussi dans cet espace ? –Ivo a demandé, curieux.

–Ne finirait pas. Si la ville de l'incarné n'était pas reconstruite, la Colonie se déplacerait vers un autre lieu.

– Les colonies se développent-elles aussi ? – a demandé Gloria.

– Oui, selon vos besoins, ils se développent.

– Prévoyant un événement désastreux dans la ville matérielle, les Colonies se préparent-elles à recevoir les protégés ? - a demandé James.

– Certainement, ainsi que des Postes de Secours dans la région. Mais, afin de ne pas provoquer la panique et l'inquiétude parmi ses habitants, cette préparation se fait quelques heures avant.

La classe pratique a commencé. Nous sommes d'abord allés visiter notre colonie, que je connaissais déjà. Mais c'était, comme toujours, passionnant de s'y promener. Un festin pour mes yeux et mon esprit. Et maintenant, avec le premier groupe de collègues d'étude, les merveilles que je connaissais semblaient se renouveler à mes yeux. Comme la mère qui ne se lasse jamais de regarder et d'admirer son fils bien-aimé. Le groupe joyeux a tout découvert, nous avons vu les places, les jardins et les bâtiments, nous avons parlé agréablement avec le chef de la Colonie, son gouverneur, qui nous a encouragés par des mots gentils. Lorsque nous avons visité l'hôpital, nous avons parlé aux patients, en essayant de transmettre la joie que nous avons ressentie. Nous avons aidé au nettoyage et à l'alimentation des patients.

Les Colonies ont un échange parfait entre eux et avec des Postes de Secours subordonnés à eux.

Frederico a expliqué :

— Maintenant, vous connaîtrez l'École de Régénération. Peu de Colonies disposent de ces écoles. Ils sont destinés aux frères obscurs, pour qu'ils se rétablissent. Il faut préciser qu'il y a une grande différence entre les Esprits obscurs et les Esprits nécessiteux. Dans nos Centres Spirites, nous aidons généralement les Esprits nécessiteux ou ignorants. Ces Esprits sombres vont très peu à la Terre, ils ne s'intéressent pas aux incarnés car ils les trouvent ignorants et inutiles, il y a certainement des exceptions. Ces frères se consacrent presque toujours à régner sur leurs domaines dans le Seuil. Il existe peu de centres dédiés à l'endoctrinement de ce type d'esprit, car ils demandent beaucoup de travail. Ils se réalisent dans le mal et dans le mal qu'ils veulent vivre ; ils méprisent toute attitude fraternelle, ils cultivent l'égoïsme.

Ils dominent et sont dominés, il n'y a pas de liberté. Dans ces domaines il y a des juges et des vengeurs au nom de Dieu. Cette école a été fondée pour recevoir ces frères.

L'École de Régénération est très belle et est située dans la Colonie de San Sebastian[1]. Il est entouré et il est seulement possible d'entrer et de sortir par une porte. On y trouve les salles de classe et les logements, tant pour les professeurs que pour les étudiants, une bibliothèque bien équipée, une petite salle vidéo où se trouvent des télévisions et des films sur différents sujets.

Il y a un café, une salle de conférence, des salles d'assistance, une infirmerie et la direction. Au fond, un verger et des champs de céréales, un endroit très fréquenté pour la thérapie des étudiants. Au centre, un beau jardin avec de nombreuses fleurs et bancs.

Les professeurs, en plus d'être bons, au sens fraternel, ont une connaissance profonde pour traiter avec les frères qui sont là.

Le cours est intensif, avec des cours de morale chrétienne, d'alphabétisation et d'éducation. Les élèves portent des uniformes et ne quittent l'école qu'après avoir terminé le cours ; n'y vont pas non plus d'autres parties de

---

[1] Note de l'Auteur Spirituel : Dans mon premier livre, Violetas en la Ventana (Violettes dans la fenêtre) j'ai décrit la Colonie où je suis et, en général, toutes les Colonies. Dans ce livre, pour ne pas être répétitif, je les décris superficiellement.

la colonie. À la fin, ils choisissent une occupation ou se réincarnent. C'est un beau travail et a donné d'excellents résultats. Malheureusement, pour ces frères qui ont passé beaucoup de temps dans l'erreur et l'obscurité, il faut une place appropriée pour qu'ils reçoivent de conseil spécial.

Nous avons parlé à quelques étudiants qui étaient à l'école depuis un certain temps, tous étaient heureux. Ils ont dit qu'ils aimaient l'école et les professeurs et qu'ils faisaient bon usage des cours qu'ils recevaient.

C'est un excellent travail de régénération !

Nous sommes allés visiter d'autres Colonies. Nous avons voyagé en aérobus. Nous avons visité une Colonie de taille moyenne. La Colonie de l'espace spirituel de la ville de Ribeirão Preto. C'est beau ! Très fleuri et sa bibliothèque est immense. C'était merveilleux de visiter ce site de recherche qu'est leur bibliothèque, j'ai été ravi par leurs vieux livres et vidéos sur la formation de la Terre. Il a trois grands hôpitaux et de nombreux places. L'espace pour enfants ou Maison des Enfants, est très grand et très beau.

Dans la classe théorique, nous avions demandé à visiter la Colônia Nosso Lar (Colonie Notre Maison).

– Mon rêve, dit Luís avec enthousiasme –, depuis que j'étais incarné, est de visiter Colonie Notre Maison et, si possible, de voir André Luiz.

Quand le jour tant attendu est arrivé, nous sommes allés visiter la Colonie Notre Maison, dans l'espace spirituel de la ville de Rio de Janeiro.

Je crois que presque tous les spirites rêvent de connaître cette Colonie, c'est la première que la psychographie a décrit l'incarné. Nous avons été très bien accueillis. Nous avons passé deux jours dans une de ses écoles. Nous connaissions tous ses parcs et forêts les plus importants. Vraiment, Notre Maison est magnifique !

J'ai été ravi de voir tant de beautés. Le deuxième jour, dans l'après-midi, nous avons été reconnaissants de rencontrer l'écrivain André Luiz. Nous nous sommes rencontrés dans une de ses salles de conférence. Il y en a plusieurs dans cette Colonie. La salle est ronde, la scène a la forme d'une demi-lune, les sièges sont également arrondis. Toute la pièce a différentes nuances de jaune. Très beau et différent. L'auditorium était plein, plusieurs groupes de touristes étaient là dans le même but. On nous a dit qu'André Luiz, dans la mesure du possible, répond aux demandes de ce genre, pour des excursions d'étudiants qui veulent le rencontrer. Luis ne pouvait pas s'empêcher de sourire.

– Comme je suis heureux ! Mon rêve est devenu réalité ! J'ai été un fan de cet écrivain depuis qu'il a été incarné !

André Luiz s'est présenté avec simplicité et naturel. C'est comme certaines personnes qu'on regarde et qu'on trouve super agréable. Il nous a accueillis en souriant.

Je pensais que c'était différent ! – s'est exclamé Ivo–. C'est si simple qu'il ne semble pas être si bien connu de toutes les colonies du Brésil et de tous les spirites !

Mme Isaura a regardé Ivo, demandant le silence. André Luiz a dit, d'une voix forte et calme, qu'il n'était qu'un simple étudiant dans une étape précédente et qu'il n'est devenu connu que pour avoir eu l'occasion de dicter les livres psychographiés, décrivant le Plan Spirituel.

Pour lui, le plus important était que tous ceux qui étaient là, voulant étudier, apprennent à être utiles avec sagesse. Puis il a dit une belle prière. La réunion a duré vingt minutes. En tant qu'admiratrice du duo André Luiz et Chico Xavier, c'était une récompense de l'entendre et de le voir.

Nous passons à l'une des Colonies de la ville de São Paulo. Au total, il y en a trois grandes. Nous sommes ravis de sa taille. Et comment tout est bien divisé ! Nous sommes également passés par Brasilia. C'est une nouvelle Colonie, bien répartie, moderne et merveilleuse. C'est l'une des plus belles Colonies du Brésil. Ses places et jardins sont fabuleux et il y a beaucoup de fleurs sur le plan supérieur qui parfument l'air, enchantant tout le monde.

Dans le programme de nos visites, il y avait deux Colonies d'Étude. Maintenant, c'était à mon tour d'être rayonnant, car ces Colonies exercent une charmante fascination sur moi. Bien qu'ils ne soient destinés qu'aux études, ils offrent des façons spectaculaires de transmettre les connaissances à leurs étudiants.

– Salut Patricia, dit Nair –, je parie que tu iras dans une Colonie d'Étude dès que possible.

– Oui – je répondis en souriant et en rêvant –, je vais étudier dans l'une d'elles si possible !

Les Colonies sont vraiment merveilleuses. Peu importe combien nous essayons de les décrire, nous ne pouvons pas transmettre la beauté que nous voyons.

Chaque description est également racontée par quelqu'un qui, par affinité, parle de ce qu'il aime le plus.

Murilo, un camarade amoureux de la nature et de la botanique, a déclaré que, s'il en avait l'occasion, il raconterait la beauté et la variété des plantes et des fleurs. Il est peut-être plus facile pour moi de décrire les lieux d'études. J'aime apprendre.

Nous sommes retournés avec enthousiasme à la salle de classe, plein d'esprit et de disposition. Les opinions étaient chaleureuses.

Il n'y avait pas de suggestions, changer quoi ? Tout était parfait !

Il a été suggéré que tout le monde commente ce qu'ils ont vu et ressenti lors de la tournée. À cette occasion, j'ai parlé avec plaisir des salles vidéo, que j'ai déjà décrites dans le livre *Violetas en la Ventana* (Violettes dans la Fenêtre) dans la Colonie d'Étude. Leurs thèmes sont complets. Les voir et utiliser ces chambres est le rêve de tout apprenti. Les Colonie d'Étude ont des noms beaux et suggestifs. J'ai également parlé avec enthousiasme de l'occasion que j'avais de connaître une société parfaite, gouvernée par l'amour et la fraternité.

– Eh bien, tout le monde l'a aimé, c'est bien, parce que dans les sujets suivants, vous ne verrez pas seulement des merveilles. Et le travail fera partie des excursions suivantes –, a déclaré Mme Isaura affectueusement.

3.– Refuge Charité et Lumière

Les Postes de Secours, a dit Raimundo, sont des lieux où les Esprits sauvés ont un séjour temporaire, reçoivent un soutien et des conseils, et sont libres de choisir le chemin à suivre. S'ils s'adaptent à une nouvelle vie et s'éveillent à la croissance, ils étudieront dans les colonies dont ils ont besoin. S'ils sont insatisfaits et contrariés, ils retournent à leur lieu d'origine. Ces Postes sont également appelés maisons, manoirs, refuges, colonies, etc. Ce sont des sites de relief plus petits dans la croûte terrestre et dans le Seuil. Ils peuvent être grands, moyens ou petits. Ce ne sont pas des villes, bien qu'il y en ait certaines qui ont toutes les caractéristiques d'une seule.

– Ont-ils aussi quelqu'un pour les gérer ? – Ilda voulait savoir.

– Certainement dans les positions, l'harmonie et la discipline règnent. Il y a une personne responsable et un groupe de conseillers qui aident dans cette administration.

– Les maisons transitoires, rotatives ou tournantes sont-elles des Postes de Secours ? Luis a demandé.

– Oui, ces refuges situés à Seuil se déplacent, au besoin, vers d'autres endroits situés à Seuil. Ce sont des Postes de Secours.

– Qu'est-ce que les Postes de Secours vraiment ? – Luíza a demandé.

– Ce sont des refuges temporaires, où les frères dans le besoin sont logés et où leurs maladies et leurs besoins sont traités avec soin. Ces frères sont emmenés dans les Colonies. Cependant, bon nombre d'entre eux restent, lorsqu'ils sont en bonne santé, dans les Postes qui servent la communauté qui les a protégés.

Nous avons beaucoup demandé, nous avons vu plusieurs films sur les Postes de Secours. Il est temps de les visiter.

Frederico nous a présenté un chinois nommé In-AI-Chin. Voici un ami qui nous accompagnera lors de nos excursions.

Nous étions silencieux, mais les questions bouillonnaient dans nos cerveaux ; Zé ne pouvait pas le supporter et a demandé :

– Pourquoi? Y a-t-il une raison pour laquelle nous avons une compagnie aussi agréable ? Le Chinois sourit doucement et Frederico répondit :

– Il n'y a jamais eu d'accident désagréable lors de ces voyages d'étude. Tu as raison, Zé, il y a une raison pour que ce camarade soit avec nous. Nous avons Patricia parmi nous, que, quand elle incarnait, était un esprit, et son père est qui endoctrine, dirigeant d'un Centre d'Esprit Comme tous ceux qui allument la Lumière dérangent les frères ignorants de l'obscurité, par précaution, In-AI-Chin nous accompagnera. Notre ami travaille dans l'équipe des désincarnés de ce Centre d'Esprit, il a beaucoup d'expérience. Il apprécie beaucoup Patricia et a travaillé spirituellement à son côté, lorsqu'elle était incarnée. Comme il veut toujours bien la voir, il l'accompagnera, elle et nous, dans les excursions, qui seront pour Patricia la première. La mère de Patricia craint des représailles pour le travail que fait son père ; elle l'a demandé et, pour la rassurer, elle a été confiée à cette amie qui fera partie de notre équipe.

J'ai pensé : « J'espère que vous ne devenez pas comme ma nourrice. » In-AI-Chin sourit avec charme et...

– J'espère que je ne suis pas inopportun. Mon but est d'aider et d'apprendre. Même si je suis venu ici pour être proche de la Fleur Bleue de Patricia, je veux être ami avec tout le monde.

J'ai rougi. Le groupe a aimé son idée. Ils l'ont entouré. In-AI-Chin est serein, doux, de taille moyenne, il porte une tunique légère et un chapeau. Beaucoup d'Esprits aiment continuer à s'habiller comme ils l'ont fait quand ils étaient incarnés. Je n'ai jamais vu un esprit éclairé dans des vêtements extravagants. Ils sont simples, ils s'habillent comme ils l'aiment. Les Esprits orientaux s'habillent généralement en tunique, c'est-à-dire comment ils s'habillent lorsqu'ils sont incarnés. C'est comme ça qu'ils aiment être. In-AI-Chin sourit toujours, montrant beaucoup de tranquillité et de bonheur. Il s'est adressé à moi seul comme Fleur Bleue de Patricia. Et Zé a demandé :

– Pourquoi l'appelez-vous la Fleur Bleue de Patricia ?

– Parce qu'elle a les yeux les plus bleus que j'ai jamais vus, aussi parce qu'ils sont doux et calmes, comme deux fleurs qui ornent ceux qui la regardent. Comme son nom est difficile à prononcer et qu'elle ne s'est adressée qu'à moi de cette façon, nous l'appelons Fleur Bleue, un nom qui lui faisait plaisir. Il dit :

– Rien de plus beau que d'être comparé à une fleur !

Le premier Poste de Secours que nous avons visité est sur le Seuil le plus doux. Nous sommes allés en aérobus. Nous avons vu des morceaux du Seuil, que je vais décrire quand nous irons le visiter. Ce que je savais des postes et ce que j'ai vu à la conférence m'a rendu curieux de savoir à quoi ressemble cette partie du Plan Spirituel.

Une grande et lourde porte a été ouverte, et nous sommes entrés. Mme Isaura est exclamée, émue :

– Nous sommes dans le Refuge Charité et Lumière !

L'aerobús s'est arrêté dans la cour, nous sommes descendus. Le refuge ressemble à un point de lumière, de clarté, dans le brouillard sombre du Seuil. C'est un lieu d'amour ! Le Poste a une forme arrondie, au centre il y a un carré avec une belle fontaine. Il a beaucoup d'arbres et de fleurs similaires à ceux qui existent sur Terre. À l'entrée, juste derrière la porte, on voit de beaux massifs de roses colorées. Tout au long du Poste il y a de grands vases avec de petites fleurs rouges, parfumé et délicat. Belles !

Il est entouré de murs hauts et forts et dispose d'un excellent système de défense. Nair, en voyant tout, s'est exclamée :

— Ce Poste doit être inconfortable. On ne le voit pas bien ici. Raymond a souri et a expliqué :

—Nous, qui marchons pour de bon, n'attaquons aucun frère, ni ses villes ni ses refuges. Les obscurs ignorants nous attaquent, et s'ils le pouvaient, ils détruiraient ce refuge et tous les Postes de Secours. Oui, nous les mettons mal à l'aise. La plupart des résidents de Seuil ne veulent pas d'aide ici.

Le directeur du refuge est venu nous accueillir avec beaucoup d'affection. Nous parlions joyeusement quand un travailleur du Poste s'est approché de moi.

— Êtes-vous Patricia, la fille de M. José Carlos ?

— Oui, c'est moi.

Sans que je réagisse, il a pris ma main, l'a embrassée et m'a offert un bouquet de fleurs.

— Je dois beaucoup à ton père. Je le remercie pour son aide à travers vous. Merci. Je pensais t'aider, mais comme tu n'as pas besoin d'aide, accepte ce cadeau.

J'étais gêné et pendant un moment je ne savais pas quoi faire. Tout le monde regardait la scène. J'ai rapidement pensé à ce que mon père ferait face à cet événement. Je lui ai souri et l'ai embrassé.

— C'est bon de voir des amis ici ! Comment allez-vous ?

– Maintenant bien, Dieu merci. Je travaille ici, a-t-il déclaré fièrement, je le dois à Dieu et à votre père. J'ai été sauvé et guidé par lui.

- Je suis heureux de savoir.

Le seigneur a été ému, il a essuyé ses larmes et s'est éloigné. Mme Isaura est venue et a dit :

– Ne soyez pas timide, Patricia. C'est touchant de voir des gens reconnaissants. Ils le font, parce que tu le fais. Son père l'a aidé sans s'attendre à une récompense. Mais lui, ce travailleur, a bien appris et est reconnaissant. Il était heureux de te voir et de pouvoir te remercier. Tu t'es bien débrouillée, ma fille, nous devrions être reconnaissants et recevoir de la gratitude avec affection !

Un travailleur nous a montré le logement. On resterait trois jours et ne quittions pas la chambre.

Ils en ont installé deux dans chaque pièce. Je suis resté avec Nair. Cette amie est curieuse et attentive.

– Ce lit est le vôtre, et celui-ci est le mien. On dormira ?

– Comme ils nous l'ont dit, ici nous pourrions avoir besoin de reposer, car dans ce travail nous donnons beaucoup d'énergie.

La chambre était simple, sans ornements, avec une fenêtre qui donnait sur le patio et avait une salle de bains, car parfois, quand on mangeait, on avait besoin de l'utiliser.

Nous avons été appelés pour voir l'extérieur du refuge. Tout est peint en blanc, ses fenêtres ont la forme de vieilles fenêtres, elles sont grandes et travaillées. Sur le

Seuil, à l'extérieur du Poste, la température était froide ; tandis qu'au Poste, c'était charmant et agréable. Il existe un système similaire à un chauffe central qui contrôle la température ambiante, de sorte que vos refuges ne se sentent pas froids ou chauds. Nous ne sentons pas les changements de température, car nous apprenons à nous réguler. Pour ceux qui le savent, la température est toujours douce. En marchant par le Poste, il semble que nous sommes à l'intérieur d'une grande construction dont les bâtiments sont séparés par de petites cours. Nous sommes allés à la tour de garde. Leonel, un garçon qui était au poste de contrôle, nous a tout montré. Le système est parfait.

Grâce aux appareils de la tour, ils savent qui s'approche du Poste. Tout est télévisé, tout le système de défense est contrôlé depuis la tour.

– Le refuge reçoit-il de nombreuses attaques ? – J'ai demandé.

– En moyenne trois par mois, répondit Leonel avec attention.

– En avez-vous déjà eu peur ? Zé a demandé

–Il y a six mois, ils se sont rassemblés dans un grand groupe du Seuil et nous ont attaqués de toutes leurs forces. Ils nous ont encerclés et nous avons dû mettre tous nos paratonnerres en action. Le personnel du refuge s'est concentré sur la prière. J'ai eu peur pendant un moment et j'ai pensé que nous devrions demander de l'aide à d'autres postes. Mais tout s'est bien passé, ils ne s'approchaient même pas du Poste.

— Vous restez ici tout le temps ? — Luíza voulait savoir.

— Nous tournons. J'adore cette tour.

— Ici, tout semble compliqué –, a dit Luis.

— Non, tout est simple, bien que parfait.

Il y a un écran, similaire à une télévision, qui montre tout le mur.

— Ici — a montré Leonel —, à travers ce dispositif, je vois qui s'approche du Poste, à trois kilomètres de distance.

— Que faites-vous lorsque vous êtes attaqué ? — Gloria a demandé

— J'alerte d'abord le Poste, puis j'allume les dispositifs de défense qui tirent des charges électriques.

— Qu'est-ce que c'est ? Qu'est-ce qu'il y a ici ? — Luis a demandé, en montrant quelques petits objets devant une télévision connectée à l'image d'un homme lisant l'Évangile.

— C'est de l'espionnage, répondit Leonel en souriant. Certains frères obscurs, curieux de savoir ce qui se passe et comment c'est ici, mettent ces dispositifs d'écoute, tels que des boutons, des bagues, des ceintures, des amulettes, sur ceux qui recevront de l'aide. Regardez bien.

On l'a vu sans toucher.

C'est incroyable ! — s'est exclamée Gloria.

Nous prenons ces appareils et les plaçons devant cette télévision. Il est syntonisé sur une chaîne où les Évangiles sont lus quotidiennement. Les auditeurs entendront un peu de ce qui se trouve dans le livre et verront seulement ce qui se passe à la télévision. Je connaissais cette chaîne, c'est d'une sphère supérieure où sont lus et expliqués les Évangiles. Elle est largement vue dans toute la Colonie. Mais les questions ont continué. Cida a demandé :

– N'est-il pas possible que certains de ces appareils soient conservés par les personnes secourues ?

– Non, parce qu'ils se changent de vêtements et se baignent ici, mais s'ils restent, ils ne verront rien qui pourrait les intéresser.

Je suis sorti de la tour très confiant. Dans la cour, nous avons divisé le groupe en trois parties avec dix membres plus un instructeur et nous sommes allés dans les salles. Nous avons rendu visite aux réfugiés qui s'améliorent déjà. Je me suis dit : « ls sont si mauvais que je ne peux même pas imaginer le pire. »

Les hommes et les femmes ressemblaient aux fantômes d'un film d'horreur. Nous sommes désolés pour eux. Minces, des yeux globuleux et gémissements.

Leur chagrin était déchirant.

J'ai essayé d'être joyeux quand je me suis approché d'eux. Je pensais que si je les regardais bien, je lirais leurs pensées, comme j'avais lu dans les livres d'André Luiz, quand je me suis incarnée. Je n'ai rien reçu, et j'ai demandé à Frederico pourquoi, – Patricia – elle m'a répondu –c'est pour ceux qui savent, qui ont travaillé pendant des années avec des frères dans cet état. Bientôt, vous aurez des leçons dans le cours et vous apprendrez un peu sur le sujet.

Nous nourrissons et nettoyons les protégés. Nous leur avons parlé, certains ont répondu, nous ont expliqué comment ils étaient, d'autres ont parlé de leurs désincarnations. En général, ils aiment parler d'eux-mêmes, se plaindre. Un homme triste a dit qu'il était joyeux mais téméraire, a fait des erreurs, a beaucoup souffert de sa désincarnation et était triste. Nous leur avons donné des laissez-passer, nous avons prié pour tous ceux que nous avons visités. La plupart d'entre eux semblaient absents ; les nerveux se sont calmés après le laissez-passer.

Certains n'ont pas compris tout ce qu'ils ont vu et ont demandé ce qui se passait, d'autres ont répondu aux questions avec des monosyllabes. Quand nous avons fini, nous nous sommes sentis fatigués. Nous sommes allés dans les chambres. J'ai pris une douche et je suis allé dans la salle à manger, où nous avons mangé des fruits et bu du jus.

Il commençait à faire nuit. Nous avons été invités à la salle de musique. Le lieu est très beau, avec de belles peintures, des pots, des chaises confortables. Raimundo a expliqué :

– Dans cette salle, nous avons la télévision, le cinéma, les instruments de musique. C'est le lieu où les travailleurs et les invités se réunissent pour des conférences édifiantes.

Maria et Tobias, deux travailleurs du Poste, nous ont joué de belles mélodies, elle au piano et lui au violon.

Marcela, notre collègue, a chanté deux chansons. Nous avons passé de bons moments.

Toute le poste est illuminé par une lumière artificielle et même pendant la journée il y a des lumières à l'intérieur des bâtiments, sauf dans les cours qui ne sont éclairées qu'à la tombée de la nuit. La nuit, le Poste est bien éclairé. On est allés dans la cour. Nous avons vu le ciel presque comme les incarnés, mais avec plus de brouillard, le clair de lune est faible. L'arôme des fleurs, en particulier les rouges, envahit les cours.

Nous sommes allés nous reposer, j'étais fatigué et j'ai dormi pendant cinq heures. À l'aube, nous avons été réveillés, mangé et visité le reste de la Charité et de la Lumière.

– Salut les gars ! – Zé a dit, qui s'est levé tard –. Je n'ai pas autant dormi depuis longtemps.

– Quand nous perdons notre énergie et nous n'y sommes pas habitués, nous devons la restituer – a expliqué Mme Isaura.

Le Poste dispose d'une belle bibliothèque bien entretenue, qui contient une vaste quantité de littérature spirituelle. Les bons livres des incarnés y ont leurs copies. Elle est bien fréquentée par les travailleurs et les réfugiés en récupération. À côté de la bibliothèque se trouve la salle de prière. C'est un lieu discret et très beau, pas grand, mais accueillant. Il dispose également de chaises confortables et de pots. Là, les internes en récupération vont prier. Les travailleurs aiment également assister à la salle.

C'est calme, il y a beaucoup de liquides énergétiques. Il y a beaucoup de paix à l'intérieur.

Le lever du soleil au Poste est magnifique, le soleil apparaît parmi les nuages, illuminant les cours et les jardins.

Nous sommes allés dans les salles. Nous avons rendu visite aux frères, qui dormaient dans des cauchemars. Ah, comme la récolte est obligatoire !

Quand je les ai vus, nous nous sommes sentis pleins de compassion, parce que nous savions qu'ils étaient tous là de cette façon, par imprudence, beaucoup d'erreurs. Nous avons passé des heures dans les salles. Voir tant de frères souffrir m'a attristé. Même si nous savions que rien n'est injuste, nous voulions récupérer tout le monde. Mais c'est impossible, parce que la récupération est lente, nous aidons peu de gens. Nous avons donné des laissez-passer, nous nous sommes installés, nous avons donné de l'eau, nous avons fait des cercles de prière. Seulement deux se sont réveillés et ont été emmenés dans une autre pièce. Ils se réveillent effrayés, beaucoup craignent et pleurent.

J'étais fatiguée. Puis nous sommes allés à la chambre, où j'ai pris une douche, mangé, fait des exercices de respiration et de relaxation. On partait le lendemain matin. La classe se réunissait dans l'après-midi pour regarder un film et écouter une conférence.

J'ai demandé du repos ; beaucoup dans la classe l'ont également demandé. Ces frères qui souffrent ne voulaient pas quitter de ma tête. Je repassais tout comme si c'était un film. Les instructeurs restaient toujours avec nous et étaient ceux qui travaillaient le plus dur, ils étaient toujours prêts à dissiper tout doute. Fleur Bleue, toujours calme, a aidé les malades avec beaucoup d'affection. Après avoir prié, Nair et moi nous sommes endormis. Dormir désincarné, c'est comme s'endormir incarné. Quand on s'incarne, le corps se repose, désincarné ; c'est le périsprit qui se repose, et on se réénergise. Juste après ce cours, je n'ai plus jamais dormi. C'est génial d'avoir beaucoup de temps.

Je me suis réveillé renouvelée. Nous sommes partis sans dire au revoir, parce que nous reviendrions encore et encore et nous y resterions, pendant que nous visitions les Postes de la Terre.

Nous sommes allés en aérobus à la croûte. Voir le soleil sans brouillard est beaucoup plus agréable, nous respirons soulagés. Nous visiterions les Postes de Secours existants pour les incarnés dans cette région. Dans les villes de la Terre, il y a beaucoup de petits Postes de Secours, ainsi que dans les Centres Spirites. Ces Postes sont de vrais points d'amour et d'aide.

Nous leur rendons visite pendant des heures. Nous aidons en prenant soin des malades et des nouveaux désincarnés. La plupart des sauvés récemment désincarnés restent dans les postes pendant un certain temps, après ils sont emmenés pour être endoctrinés dans les réunions des Centres Spirites pour aller dans d'autres endroits et être transportés vers des Postes ou des Colonies plus grands.

Ceux qui restent deviennent presque toujours des assistants. Il y a toujours beaucoup de travailleurs et le travail est immense. Le mouvement est grand ; la personne responsable du Poste reste pour s'occuper des personnes et des travailleurs qui ont des problèmes. Surtout les Postes du

Centre Spirites sont toujours pleins. La plupart d'entre eux sont au-dessus de la construction du matériau. Il y a un système de défense, une porte ou une grande porte, des fenêtres avec des barreaux, des chambres, une salle de réception, un lieu de repos pour les travailleurs, parfois des salles de musique et de petites bibliothèques.

Nair m'a dit :

– Observez, Patricia, que partout où nous allons, il y a toujours de bons livres et de nombreuses copies de l'Évangile et de *l'Évangile selon le Spiritisme*.

– Ceux qui ne veulent pas ne sont pas instruits ! – Je lui ai répondu.

– Savez-vous combien de chrétiens, ou ceux qui se disent chrétiens, ont une religion et ne connaissent pas l'Évangile ? – Ivo nous a demandé.

– Il doit y en avoir beaucoup ; ils ne savent pas ou ne suivent pas, à en juger par le nombre de personnes sauvés – ai-je répondu.

– C'est dommage ! – Ivo s'écria –. L'Évangile ne doit pas être lu, mais vécu ! Nous étions dans un Poste, tous occupés, quand nous avons entendu Cida crier. J'avais tellement peur que j'ai été paralysé pendant quelques secondes, puis j'ai couru aussi. Cida était dans la salle de devant, le dressing. Frederico est arrivé si vite qu'il a croisé Fleur Bleue.

– Calme-toi, Cida ! Que s'est-il passé ? Frederico a demandé.

– Un homme est venu ici, a volé une cassette et a couru !

— Ouf ! Frederico s'écria avec soulagement.

— Je crois que j'ai crié pour rien, dit Cida, embarrassée.

— En vain et scandaleuse, Cida, dit affectueusement Mme Isaura —. Il n'y avait pas besoin de crier.

— Je m'excuse – a déclaré Cida.

— Le frère qui a pris la bande ne passera pas par la porte, seulement si le portier part. Et ils le font souvent. Il est venu ici en voulant des objets pour faire un bandage, parfois sur lui ou sur ses compagnons. Autour de la Terre, autour des Postes, il y a toujours beaucoup de frères errants, ils vampirisent les incarnés. Beaucoup vampirisent les alcooliques et se battent. Parfois, ils viennent ici pour faire des bandages, mais ils savent qu'ils vont entendre des vérités qui les dérangent, alors ils préfèrent nous voler, a expliqué un assistant du Poste, qui a fini dans la bonne humeur. J'espère que la peur est passée.

— Vous recevez beaucoup d'attaques ? – Ivo a demandé.

— Pas beaucoup. Ce sont plus des attaques de frères qui veulent s'amuser, mais parce que nos rayons électriques sont forts et leur donnent l'impression de la mort, ils nous attaquent à peine.

— Comment cet homme est-il arrivé ici ? – Luíza a demandé curieusement. Il est connu du portier et de moi. Il a demandé au portier de s'occuper de lui, et l'a également laissé entrer et sortir sans problème. La plupart des vagabonds nous demandent souvent des choses, comme des médicaments et de la nourriture, et il est rare qu'ils nous volent. Celui-ci, aujourd'hui, a décidé de le faire.

José de Arimatea, notre Joe distrait, s'est exclamé à haute voix :

– Je sais pourquoi nous portons des uniformes ! C'est pour ne pas se confondre avec les autres manches de vent !

La peur est passée, nous sommes retournés au travail. C'était la nuit quand nous sommes retournés à la Charité et la Lumière pour un repos bien mérité. Nous avons fait ces visites pendant deux jours et nous nous sommes reposés dans le refuge. Les excursions ont été très utiles. J'ai vraiment apprécié ces Postes de Secours parmi les incarnés. Ils sont vraiment utiles, où la charité est vraiment appliquée.

4.– Poste de Surveillance

Le matin, nous sortons à nouveau, seulement cette fois à pied. Marcher sur le Seuil est étrange. Alors que la Colonie est une fête pour moi, le Seuil, avec son atmosphère angoissante et déprimante, est un spectacle terrible et horrible pour moi. Je savais que beaucoup d'Esprits erraient là-bas, et je me sentais désolé pour eux, puisque je savais aussi que beaucoup l'aimaient, ce que j'ai trouvé désagréable, mais nous avons tous le libre arbitre et tout le monde aime un endroit. Nous avons marché pendant des heures d'affilée, tous ensemble : Mme Isaura à l'avant, Raimundo au milieu et Frederico à la fin ; Fleur Bleue à mon côté. On n'a pas parlé, on y est allés tranquillement. Nous avions des recommandations à ne pas parler, afin de ne pas être remarqué. Nous marchons avec prudence sur un terrain ferme, parce qu'il y a beaucoup de boue. Nous portions des capes marronnes, avec des capuches, qui atteignaient les genoux, ne laissant que le visage visible, et nous mettions des bottes spéciales. Luiza a commenté pendant que nous nous habillions :

– Pourquoi nous habillons-nous comme ça pour marcher sur le Seuil ? Cela semble si étrange.

– Nous ne faisons que nous protéger – a répondu Mme Isaura.

– Si nous sommes attaqués, les capes nous protégeront. Les bottes sont destinées à assurer la sécurité sur le chemin. En marchant sur le Seuil, j'ai compris pourquoi nous nous sommes habillés comme ça.

Le Seuil est sale, il a des parties glissantes. Les bottes nous ont donné fermeté et les capes, le confort. Ébloui par ce que je voyais, quand je me suis rendu compte, mes yeux étaient souvent grands ouverts. Je pensais.

« Si j'étais seule ici, je serais morte de peur, si c'était possible. » À un moment donné, un gros oiseau a volé près de nous. J'ai été surpris et suffoqué un cri attrapé dans ma gorge. Mais je n'étais pas la seule à avoir peur, Luíza et Nair se sont blotties à côté de Fleur Bleue, qui était calme et nous a regardés avec un sourire. Le reste du chemin j'étais très proche de lui. Nous avons fait le voyage dans un silence parfait et sans problèmes.

La lumière est rare, il semblait être sombre parmi les incarnés. Sans beaucoup de brume ou de brouillard. De loin, le Poste ressemble à un mur, on ne voit rien à l'extérieur. Comme nous nous approchions, nous avons vu le mur gris et la porte, similaire à une porte en bois, lourde, en relief, belle et simple.

Mme Isaura a sonné la cloche et la lourde porte a été ouverte. Nous sommes entrés dans la cour : elle était carrée avec peu de fleurs, certains bords étaient décorés et entourés de petits arbres sans grande beauté, semblables à beaucoup qui ont les incarnés. Nous avons été reçus par votre administrateur, directeur ou responsable :

— Bon après-midi ! Je suis Guillermo. Bienvenue au Poste de Surveillance. S'il vous plaît, venez avec moi, je vais vous montrer vos chambres, parce que je suppose que vous voulez vous reposer.

Les colonies et les postes de secours suivent le même temps que la Terre. Si dans la ville de l'incarnation il était deux heures de l'après-midi, il y est aussi.

Le Poste de Surveillance est situé sur le Seuil, dans une zone de grande souffrance. C'est une maison transitoire ou rotative, c'est-à-dire qu'elle change de place. Joaquim, l'un de nos collègues, y a travaillé pendant des années et a été à l'extérieur pour suivre le cours. Après l'avoir terminé, il reprendra ses activités. Il a été reçu avec joie, embrassé par les travailleurs du Poste.

Nous avons réalisé que tout le monde là-bas s'aimait, formant une grande famille.

Des lumières artificielles illuminent le Poste jour et nuit. De la cour, nous sommes passés à la section des invités. Luíza et moi sommes restés ensemble dans la chambre, qui était simple, sans décoration, mais confortable. Après avoir nettoyé, nous sommes allés au café, où nous avons eu un dîner, qui se composait de fruits et de bouillons. Nous nous sommes rencontrés peu de temps après dans la salle de conférence pour parler.

Nous avons reçu des explications sur le Poste de Surveillance.

– Ce refuge a été créé en même temps qu'un établissement pour les incarnés. Quand l'atmosphère commence à devenir très lourde, la tempête de feu arrive et nous changeons d'endroit, a expliqué Guillermo.

– Je voulais en voir un ! – s'est exclamé James.

– Nous n'en attendons pas un pour l'instant – a poursuivi l'administrateur du Poste. Le feu tombe comme un éclair qui brûle tout, purifiant les fluides lourds. Tout le monde fuit, et ceux qui doivent être secourus trouvent refuge ici.

– Vous déménagez au loin ? – J'ai demandé

– Non, nous restons toujours dans la région. Il y a des maisons comme celles-ci dans d'autres Colonies, qui se déplacent vers des endroits situés à vingt ou cinquante kilomètres. Nous nous déplaçons habituellement de sept à dix kilomètres.

– Travaillez-vous ici depuis longtemps ? Nair a demandé –. Il y a trente ans.

– Holà ! – s'est exclamé Marcela –. Vous avez dû acquérir beaucoup d'expérience. Comment êtes-vous arrivé au Poste ?

– Quand j'étais incarné, j'étais une bonne personne, j'ai fait mes devoirs. J'ai aimé et j'aime les Évangiles et j'ai fait tout ce que j'ai pu pour suivre l'exemple de Jésus. Je me suis désincarné et, quand j'ai été secouru, j'ai été emmené dans une Colonie. J'ai trouvé tout ce que j'y ai vu là charmant, mais j'ai adoré ce Poste dès que je l'ai visité en excursion, comme celui que vous faites maintenant.

J'ai compris que peu de gens qui, comme moi, reçoivent de l'aide quand on se désincarne et je me suis senti désolé de voir tant de frères imprudents souffrir. Je voulais travailler dans la Surveillance. Ma demande a été acceptée et pendant des années j'ai servi ici, j'ai fait un peu de tout. J'ai pu aider des amis, des parents et, petit à petit, tous ceux qui ont été sauvés sont devenus mes frères. Ici, j'ai appris à aimer tout le monde, comme Jésus nous l'a enseigné. J'ai un amour spécial pour ce coin d'aide. Je dirige le Poste de Surveillance depuis treize ans.

Guillermo, parlant du Poste de Surveillance, avait les yeux qui brillaient d'enthousiasme. Je l'ai regardé avec étonnement, son travail n'était certainement pas facile. Il était là, seul, par amour pour ses semblables, et il le montrait par ses manières, par son regard calme et gentil. Tout le monde l'admirait.

La conversation s'est poursuivie, nous avons échangé des idées sur le Seuil, à partir du côté que nous avons vu. Nous avons parlé jusqu'à huit heures et nous nous sommes retirés dans nos chambres. Dans la Colonie, j'ai à peine mangé ou dormi. Dans ces excursions, marcher sur le seuil et aider aux Postes nous ont fatigués, nous avons dépensé de l'énergie. Donc, nous avions besoin de nourriture au moins une fois par jour et de repos. Ce repos a été la lecture de quelque chose d'édifiant, la méditation et même le sommeil pendant quelques heures.

Le lendemain, à cinq heures du matin, nous avons participé à la prière du matin. Guillermo a invité Mme Isaura à dire la prière. Notre conseiller a prié avec une ferveur qui nous a touchés. Des pétales de fluide transparents sont tombés sur le Poste et sur nous, nous renforçant, nous saturant d'une grande énergie. Peu de temps après, nous sommes allés visiter le Poste de Surveillance. C'est un Poste de taille moyenne. Il dispose d'une salle de conférence, également occupée pour la musique, une salle de directeur, une cafétéria, un patio, des salles de consultation, des chambres pour les travailleurs et les infirmières. Nos trois instructeurs, depuis notre arrivée, sont dans les salles de consultation, s'occupant des réfugiés confus qui cherchent à être guidés. Fleur Bleue aidait dans les salles tout le temps.

Nous nous sommes divisés en groupes de sept et nous sommes allés avec les travailleurs pour aider dans les salles. Elles sont longues, avec des lits des deux côtés, des salles de bain simples, toutes très propres et lumineuses. Les protégés ont des besoins : là, ils mangent et utilisent la salle de bain. Ils ont faim et soif, ils n'ont tout simplement pas froid ni chaud car le Poste dispose d'un système similaire à la climatisation des incarnés. Ce système est central, laissant le Poste, et même ses patios, avec une température agréable.

Tout d'abord, nous sommes entrés dans les salles où les patients étaient dans le meilleur état.

Nous leur avons parlé et les avons aidés à se nourrir et à se nettoyer.

– Vous êtes jolie ! – dit une femme très mince aux yeux tristes, en s'adressant à moi.

– Merci. Comment allez-vous ?

– Maintenant, je ne peux pas me plaindre. J'ai beaucoup souffert, mais je l'ai mérité. Quand j'étais incarné, j'ai fait beaucoup de mal.

Je n'ai fait que sourire. Je savais que la curiosité ne mène nulle part. Nous avions des recommandations pour encourager les malades à parler de l'Évangile et de Jésus. Mais aussi pour écouter leurs éclats.

– Tu es si bon ! Avez-vous souffert quand vous avez désincarné ? – Elle m'a demandé.

– Non, j'avais l'impression que j'allais dormir et je me suis réveillé bien et entre amis.

– Entre amis. Pour avoir des amis, il faut les faire, non ? Je ne l'ai pas fait, et ceux que je pensais avoir étaient pires que moi. Je parie que vous n'avez pas souffert, parce que vous étiez bon !

– J'aurais peut-être dû être mieux. Mais je n'ai fait aucune erreur, je me suis désincarné dans la paix et l'harmonie m'a accompagné.

– Tu ne veux pas m'écouter un peu ? Parfois, j'ai envie de parler. Les travailleurs ici sont super, mais ils sont tellement occupés. Tu sais, je n'étais bon à rien. J'étais une mauvaise fille, je me suis enfuie de la maison à l'âge de treize ans pour pratiquer la prostitution, j'ai eu de nombreux avortements. J'ai eu trois enfants, j'en ai donné deux, l'autre je l'aurais donné aussi. C'était un garçon rusé, un voleur. Un jour, quand il a volé un de mes clients, il l'a tué. Je n'étais pas une bonne mère. J'ai beaucoup bu, j'ai vieilli rapidement et la mort m'a cherché pour la souffrance. J'ai passé dix-sept ans sur le Seuil. Quand ils m'ont aidé, c'était un désastre, j'étais très fatigué. Je suis ici depuis longtemps.

– Et vous irez bientôt mieux, dis-je en l'encourageant. J'ai tiré les leçons des erreurs du passé pour l'avenir. Essayez de vous rétablir et passez d'être aidé à aider.

La dame sourit tristement. Je lui ai donné un laissez-passer, j'ai dit une prière à haute voix, elle m'a remercié :

– Merci !

Un monsieur n'arrêtait pas de dire :

– Café, je dois récolter le café !

Après le laissez-passer, il a dit des phrases plus longues, et il était clair qu'il a volé beaucoup de café à ses patrons. Il récoltait le café de la plantation pendant la journée et l'a volé la nuit. Le repentir lui a fait voir le fait sans contemplation. Après le cercle de prière, il s'endormit calmement.

Et donc, beaucoup avaient de vraies histoires à raconter, ils ont découvert des erreurs sur les erreurs. La plupart d'entre eux avaient été égoïstes.

Ils aimaient le matériel plus que les vérités spirituelles. L'orgueil et l'égoïsme conduisent beaucoup à la grande porte de la perdition, à la souffrance après la désincarnation. Quand nous avons quitté des salles, Zé a commenté :

– J'étais d'humeur à demander à Frederico pourquoi il y a tant de salles et, dans celles-ci, tant de personnes dans le besoin.

Je l'ai découvert en écoutant ces malheureux. Vous savez, j'ai été choqué d'entendre parler d'un homme qui a violé et tué sa propre fille de huit ans.

L'un des travailleurs du Poste, qui écoutait, a argumenté :

– Ce sont les imprudents dont Jésus a fait référence. Ils n'ont pas fait le bien, ils ont vécu par la matière, ils ont planté le mal et récolté la souffrance. Et ils ont fait tellement de mal aux autres et à eux-mêmes qu'ils ne pouvaient que rester tels qu'ils sont.

Donc, cher étudiant, ces refuges sont des baumes pour eux.

Dans la deuxième salle, les patients étaient dans un état pire. Certains parlaient sans arrêt. Quand on les soignait avec de la nourriture, des laissez-passer et des prières, ils allaient mieux, parfois ils se calmaient, parfois ils parlaient des phrases plus cohérentes.

Un homme a attiré mon attention, le remords l'a puni : il a expulsé ses parents, déjà âgés, et ils sont morts dans un asile, sans le revoir. Une autre dame a parlé sans arrêt qu'elle avait tué. Après avoir pris le laissez-passer, elle a rappelé à l'amant qu'elle avait assassiné froidement. Un autre monsieur a rappelé avec angoisse de la fille rejetée de son amant.

« C'est bien ! – J'ai pensé – n'ont pas tant d'erreurs pour me tourmenter. Je suis si heureux ! Rien de mieux que de planter le bien. »

Nous avons visité deux salles le premier jour. Les travailleurs du poste ne font pas ce que nous avons fait.

Il n'y a pas de temps, parce que les travailleurs sont peu nombreux pour beaucoup de travail. Nous avons terminé l'après-midi, nous sommes allés à notre chambre, puis à la cafétéria, et de là nous sommes allés à la salle de musique.

La nuit, nous allons à la cour. Les murs entourant la surveillance sont forts et hauts, et dans la cour il y a une tour avec le système de défense. Pour y arriver, on utilise un ascenseur. Nous allons en petits groupes. La tour est de trente mètres de long.

Ils ont aussi des systèmes de défense parfaits et aucune attaque ne les a inquiétés. Margarita, la dame en charge à cette heure de service, nous a montré quelques dispositifs qui mesurent les vibrations à l'extérieur du Poste dans un rayon de trois kilomètres. Ils signalent qui s'approche et combien il y en a. Vous ne pouvez pas voir le ciel ou les étoiles ; parfois la lune, quand elle est pleine. Du haut de la tour, j'ai regardé autour du Poste, je n'ai rien vu, seulement le poste inférieur et ses lumières ; dehors, le brouillard et l'obscurité.

Quand j'ai attendu mon tour pour monter dans la tour, j'ai distraitement regardé une belle petite fontaine en pierre verte, avec des contours délicats de fleurs, entouré de plantes. Fleur Bleue s'est approché :

– Qu'est-ce que tu penses, Fleur Bleue de Patricia ?

– J'espère voir la tour. C'était bon de te voir. Je tiens à vous remercier.

– Vous souvenez-vous du monsieur qui vous a remercié à Charité et Lumière ? Je me sens comme lui, seulement plus heureux, parce que je peux venir avec vous et faire quelque chose pour vous. Ce que je fais, j'aimerais le faire aussi pour ton père. Je lui dois beaucoup, au groupe d'Esprit et à vous. Être capable de redonner est une grâce. Je suis ton ami depuis que vous êtes incarnée. Ne me remerciez pas, je le fais de tout cœur et avec bonheur.

– Quel plaisir d'être votre amie, Fleur Bleue !

– Quand nous avons de bons amis, nous avons des trésors. Je me sens riche de vous avoir comme amis, vous et votre père.

Il sourit tendrement. « Oui » - je pensais -, « il a raison. Avoir de bons Esprits comme amis, c'est avoir des trésors spirituels. J'ai aussi senti que j'avais de grands biens. »

Frederico a dit la prière de l'après-midi et nous sommes allés nous reposer. Je pensais aux malades, à ce que j'ai vu et à ce que j'ai entendu d'eux.

Comme la méchanceté fait le mal au méchant ! Comme la récolte des mauvaises semailles est difficile !

Le lendemain, nous sommes allés à trois infirmeries de frères qui dormaient en cauchemars. C'est triste de les voir. Certains gardent les yeux ouverts et immobiles. La plupart des gens ne parlent pas, leurs visages sont de l'horreur. Tous ont été désinfectés et bien installés et pourtant ils étaient agréables à regarder. Ils gardent des images de leurs erreurs dans leur tête, encore et encore. Parfois, ils gémissent d'angoisse. Nous prenons soin d'eux, les nettoyons, les hébergeons, leur donnons des laissez-passer et leur offrons des prières. Beaucoup se sont calmés plus tard, améliorant leurs expressions. Le temps qu'ils restent de cette façon est varié, certains restent des années, d'autres mois. Quand ils se réveillent, ils se déplacent dans une autre pièce. Les malades continuent à changer de garde jusqu'à leur récupération. Quand ils se remettent, ils choisissent quoi faire : ils commencent à travailler au Poste, ou ils vont dans les Colonies pour étudier, ou ils se réincarnent.

La nuit, nous écoutons de la musique. Une travailleuse du Poste de Surveillance nous a donné des chansons adorables.

Elle s'appelle Cecília, elle chante très bien, elle a une belle voix. La bonne musique aide à restaurer l'énergie. Il est toujours agréable d'écouter des chansons en compagnie d'amis : Les travailleurs du Poste de Surveillance aiment recevoir ces excursions et visites, ils aiment parler, échanger des informations. La soirée s'est déroulée sans problème.

5.- Samaritains

Le lendemain, juste après la prière du matin, l'alarme a été déclenchée. Les Samaritains se rapprochaient. Nous continuons dans la cour pour les attendre. La porte s'est ouverte et ils sont entrés. Ils sont arrivés dans des véhicules qui ne peuvent être décrits. Il n'y a pas de conditions pour transmettre des situations identiques, car ce ne sont pas le même, dans les deux projets de vie. Je ne peux transmettre que les similitudes dans les états psychiques et spirituels. Il peut y avoir des similitudes visuelles, mais pas les mêmes faits dans le contenu externe et interne. Nous les avons observés, à l'exception de Joaquim, qui est allé les aider. Les Samaritains sont les travailleurs du Poste qui quittent le Seuil pour aider ceux qui veulent de l'aide. Ils étaient habillés pour un meilleur travail, avec des bottes hautes et des capes avec une casquette dont la couleur était entre les nuances de beige à marron clair. Comme ceux que nous utilisons pour franchir le Seuil. Les sauvés étaient à moitié habillés, et les quelques robes avaient leur vêtements sales et en lambeaux. Nous étions désolés pour eux. Ils étaient sales, avec de gros cheveux et des ongles. Certains parlaient, d'autres restaient comme des momies, sans bouger, bien que leurs yeux soient ouverts et terrifiés. Beaucoup gémissaient tristement. Pendant un moment, j'ai été triste. Voir ces frères comme ça était touchant. Je n'aurais jamais pensé voir autant de souffrance. Beaucoup ont montré des signes de torture. Nous étions silencieux, il semble que pendant un moment nous n'avons pas eu envie de parler, la scène nous a touchés.

Une femme sauvée, voyant l'un des travailleurs, s'est exclamée :

Un ange ! Tu es un ange ! Aidez-moi, pour l'amour de Dieu !

Les personnes secourues ont été transportées à leur propre infirmerie spéciale pour être nettoyées et nourries. Ils seraient ensuite envoyés dans les salles et séparés, selon leur condition.

– S'il vous plaît laissez-moi rester avec elle !

Un homme tenait la main d'une femme, qui dormait dans un cauchemar.

– Je vais faire en sorte que les deux soient ensemble. – Merci ! – Un Samaritain a répondu.

William a confirmé la demande. Ils seraient ensemble. Normalement, par leurs conditions, ils seraient séparés. Mais ces deux-là étaient unis et l'homme, en meilleure condition, s'occupait de la femme, en pire état. On pouvait dire qu'ils s'aimaient. « Je suis heureux qu'ils aient été ensemble » – je pensais.

Le groupe de Samaritains se composait de deux femmes et six hommes. Ils nous ont accueillis avec un sourire et sont allés garder les véhicules. Ensuite, ces travailleurs mangeaient et se reposaient. Nous nous sommes approchés, admirant son courage et son altruisme. J'ai demandé à l'un d'eux :

– Aimez-vous ce travail ? Depuis combien de temps faites-vous ça ?

– J'aime aller chercher ceux qui demandent de l'aide au nom de Dieu. J'ai été sauvé par une caravane comme celle-ci, il y a quinze ans, dans ce Poste, et pendant cinq ans, j'ai été dans ce travail.

– Comment vous sentez-vous, étant une femme, dans un travail qui demande tant de courage ? Notre distrait Zé a demandé à l'un des travailleuses, une fille d'une trentaine d'années et très belle.

– Il n'y a pas de travail sur le plan spirituel uniquement pour les hommes ou les femmes. Ici, nous sommes les créatures de Dieu.

J'aime ce que je fais chaque fois que je retourne au Poste avec des frères qui souffrent, c'est une joie pour mon cœur.

La caravane a amené vingt et un sauvés. Ces travailleurs restent sur le Seuil pendant des jours, se rendent dans tous les endroits où ils sont nécessaires et aident toujours de nombreux frères.

La durée du séjour au Poste varie de deux à trois jours. Pendant ce temps, ils font des plans, conçoivent des itinéraires pour la prochaine aide.

Peu de temps après que les sauveteurs aient été récupérés, la tour a sonné l'alarme.

Le son de ceci est un doux coup. Il y a quatre façons de sonner l'alarme. Trois courtes, comme celles données aux Samaritains, signifient l'approche d'une diligence pour le bien. Une touche douce et longue signifie la proximité des frères ignorants.

Une autre sonnerie, plus forte, sert à avertir des attaques ; elle a un son différent, avertissant que le Poste est sur le point d'être attaquée par de nombreux Esprits. Même s'il n'y a pas de scandale et que tout est silencieux, le son atteint les gens qui ont besoin d'être alertés. La cloche ne sonne pas dans les salles.

Le garde de la tour nous a dit qu'un groupe de dix frères des ténèbres approchait.

– Attendons de voir ce qu'ils veulent – a dit Guillermo. Encore une fois, le garde a dit que le groupe s'était arrêté à quelques mètres. Bientôt, nous avons entendu des cris.

– Que crient-ils ? – Luíza a demandé –. Dire Valeria ?

– Je pense que c'est Venancio – a dit James.

L'un des sauveteurs est sorti désespéré de la cour.

– C'est lui ! C'est Valencio ! – Un samaritain a expliqué.

L'homme était dans un état horrible, avait été torturé et grièvement blessé, des traces de torture marquaient tout son corps. Guillermo et l'un des travailleurs l'ont retenu et l'ont ramené à l'intérieur.

Frederico nous a expliqué :

– Cet homme sauvé a été torturé par ce groupe. Il s'est repenti et a demandé, à temps, de l'aide au nom de Dieu. Cette fois, les sauveteurs l'ont amené, et ses bourreaux l'ont poursuivi. Ils vont maintenant l'emmener dans une chambre où il n'entendra pas ces appels.

– Qu'avez-vous fait pour être traité comme ça ? – Gloria a demandé avec tristesse.

– Malheureux de ceux qui font des choses mauvaises, parce que ceux qui les reçoivent ne pardonnent pas toujours. Il arrive un jour où la mort les réunit. Ils l'ont certainement torturé pour se vengeance – a précisé Frederico.

–S'ils criaient mon nom, serais-je, comme lui, désespérée ? –J'ai demandé impressionnée. Frederico sourit et dit :

– Certainement pas. Tu n'as aucun lien avec eux. Pour sentir leurs appels, il est nécessaire d'être lié à eux, ont les mêmes vibrations et être resté longtemps, comme ce frère l'a fait, avec eux. Si un groupe t'appelait, tu n'écouterais pas. Tu ne dois pas avoir peur.

La peur est pour ceux qui doutent.

Le garde de la tour était alerte, mais le groupe a crié de loin pendant trente minutes. Ayant échoué, ils ont décidé de partir.

– Et s'ils attaquaient ? – Luíza a demandé avec inquiétude.

– Nous devrons nous défendre par des rayons électriques – a répondit William calmement.

– Ce dont nous sommes témoins ici se produit toujours ? – Ivo a demandé.

– Oui. Parfois, ils se résignent à perdre leurs victimes. Certains, comme ceux-ci, les appellent simplement, d'autres nous attaquent. Mais une fois à l'intérieur, personne ne part s'il ne le veut pas – a répondu William.

Il était onze heures du matin, l'heure de partir. Nous avons dit au revoir heureux, car nous allions retourner au Poste pour étudier le Seuil. William nous a remerciés et Raimundo a rendu grâce au nom de tous. Nous sortons par la porte et en ligne. Nous avons marché jusqu'à la Charité et la Lumière, puis nous avons pris l'aérobus qui nous ramènerait à la Colonie.

Il faisait froid au Seuil, mais nous n'avons pas rendu compte. Comme je l'ai dit, on a appris à neutraliser la température extérieure. Mais je me sentais un peu étouffée. Je suis resté très près de Fleur Bleue, qui était encore calme. J'avoue que le Seuil me fait peur. Lire ou regarder des films est une chose, mais là, personnellement, est une autre. Rien n'est beau ou agréable. Nous sommes revenus sans aucun problème. Quand nous sommes arrivés à la Charité et la Lumière, c'était un soulagement. On s'est arrêtés là pour prendre le aerobús. J'étais fatigué et le ferry est arrivé à un bon moment.

Comme il est agréable d'être dans la Colonie ! Nous sommes arrivés la nuit et nous sommes allés directement à notre logement, où nous avons mangé et reposé. J'aimais écrire tout ce que j'ai vu, et c'est pendant ces heures de repos que je l'ai fait. Après avoir écrit, j'ai dormi quelques heures. Le lendemain, tôt, nous avons eu la classe de conclusion. Les questions étaient nombreuses.

– Les travailleurs des Postes reçoivent-ils des heures supplémentaires ? Et les Samaritains gagnent plus ? – Cecilia a demandé.

– C'est facile à apprendre. J'ai étudié le sujet dans le cours d'alimentation que j'ai suivi dans la Colonie et je l'ai transcrit dans le livre Violettes dans la Fenêtre ; la personne désincarnée qui ne sait pas comment neutraliser la température extérieure se sent froide et chaude.

Raimundo a été choisi pour répondre :

– Les heures de travail sont comptées pour tout le monde. Des bonus horaires sont accordés à ceux qui veulent et qui ont besoin. Dans le travail qui demande plus d'efforts et dépense plus d'énergie, ils sont doublés et parfois triplés, comme celui des Samaritains.

– Les Samaritains sont-ils attaqués ? – Gloria voulait savoir.

– Ces travailleurs sont appelés de multiples façons : missionnaires, émissaires, etc. Ils sont attaqués plusieurs fois. Ils quittent toujours les régions du Seuil et parfois ils ne restent au Poste que pendant des heures. L'excursion dans laquelle ils ne sont pas attaqués est rare. Nos amis ne se sentent pas intimidés par cela. Ils ont des réseaux de protection et sont toujours équipés d'un lance-foudre, de petits dispositifs de défense. Ils sont intelligents et réussissent toujours bien, car ils ne sont pas d'humeur pour se disputer et imposent donc le respect.

– Ce sont des héros ! Quel travail difficile ! Avez-vous du temps libre ? – Marcela parlait avec enthousiasme.

– Ils ont du temps libre et le passent à leur manière, certains viennent à la Colonie, certains visitent des amis et d'autres restent au Poste.

– Ils voyagent à travers le Seuil ? – J'ai demandé.

– Oui, ils le font. À chaque excursion, ils se dirigent vers une partie du Seuil. Ils vont à toutes les grottes, trous, vallées, bref, partout. Ils ont de l'expérience et connaissent tous les lieux du Seuil dans cette région.

– Se rendent-ils également dans les villes du Seuil ? James a demandé.

– Oui, ils le font. Parfois, ils demandent l'autorisation d'aller chercher certains qui veulent de l'aide. D'autres fois, les habitants des villes du Seuil voient les Samaritains aider certains des frères. Quand ces frères ne sont pas dans l'intérêt de ceux qui y vivent, les Samaritains travaillent sans problème. Mais lorsqu'ils veulent aider quelqu'un qui est dans l'intérêt des habitants du Seuil, les Samaritains entrent sans être vus. Comme dans le cas de l'homme torturé que nous avons vu et qui a été appelé par le gang, hors du mur.

– Y a-t-il des sauveteurs autour du Seuil, partout dans le monde ? – Cida a demandé.

– Oui, il y a des sauveteurs qui travaillent au nom de Jésus à travers le Seuil de la terre entière, aidant tous ceux qui souffrent et crient à l'aide.

– Ces sauveteurs ne seraient-ils jamais arrêtés ? Des Esprits ignorants qui, comme le Seuil, n'ont jamais arrêté certains d'entre eux ? – Nair a demandé.

– Nous n'avons pas de nouvelles de ce genre d'événements. Dans une attaque plus grande, ils peuvent changer les vibrations et devenir invisibles pour les autres.

J'ai murmuré et Raimundo m'a dit :

– Patricia, voulez-vous dire quelque chose ?

– Je pense : Je ne veux pas travailler dans un Poste de Secours sur le Seuil, je ne pense pas que j'ai les conditions. Mais j'admire ceux qui y travaillent.

– Ces tâches exigent des gens avec beaucoup d'amour et de charité. Par conséquent, nous devons respecter ces travailleurs et admirer ce qu'ils font.

Nous avons tous regardé Joaquim, qui était embarrassé : qui avons-nous vu dans les salles des Postes prendre le temps de s'améliorer ? – Cida a demandé curieusement.

– Cela dépend beaucoup de chacun d'eux. Il y a des frères qui prennent des années à s'améliorer, mais d'autres le font en quelques mois.

– Y a-t-il des sauvés qui n'aiment pas le Poste ? – Ivo a demandé.

– Oui, bien que ceux qui y sont emmenés veulent de l'aide, parce qu'ils sont presque toujours fatigués de souffrir. Ceux-ci sont généralement reconnaissants. Nous ne pouvons pas accepter des frères qui ne sont pas repentis et qui ne veulent pas d'aide, parce qu'ils pensent que tout va mal. D'autres disent qu'il y a beaucoup de discipline dans les Postes et ils veulent partir. Certains Esprits qui n'ont pas assez souffert et sont logés dans des Postes de Secours, à la demande de tiers, ou par des équipes que travaillent dans des centres spirites, n'aiment souvent pas et au lieu de cela ils retournent chez eux et errent.

– Moi – dit Rosalia –, je suis allée à la Surveillance comme une sauvée. Je suis reconnaissant à tout le monde. Mais voir le Poste comme une apprentie est différent.

– Bien sûr. J'étais malade, dans le besoin, je connaissais les endroits où je vivais. Maintenant, je suis allé à sa rencontre en tant qu'étudiant, et tout semblait différent.

– Rosalia, vous souvenez-vous de quelque chose sur quand vous étiez là comme sauvée ? – Zé a demandé.

– Oui. Comment oublier la souffrance ? C'était un chiffon humain, c'était douloureux. Le remords est un feu brûlant.

Comme il n'y avait pas d'autres questions, Raimundo a dit :

– Écrivez un essai, écrivez ce que vous avez vu, ce qui vous a le plus impressionné.

Ce n'est pas un travail obligatoire. Seuls ceux qui veulent faire l'essai le font. Ceux qui ont des difficultés à écrire et préfèrent parler raconteront ce qu'ils ont ressenti et ce qu'ils ont aimé. Certains préfèrent simplement écouter.

Quinze ont lu ce qu'ils ont écrit. Tous ont parlé des Samaritains. Nous échangeons des idées. Ivo et Luis ont dit qu'après le cours, ils travailleront dans un Poste de Seuil.

Connaître ces Postes, ces lieux de paix au milieu de la souffrance, était gratifiant. Ce sont des maisons de secours bénies. C'est un rafraîchissement pour les frères tourmentés.

C'est bien qu'il y ait des endroits comme celui-ci et c'est merveilleux qu'il y ait des travailleurs pour le bien !

6.– Désincarnation

Nous avons commencé la classe théorique en racontant nos propres désincarnations. Tout le monde, en fait, a une histoire intéressante à raconter. Personne n'avait la désincarnation de la même manière, bien qu'elle soit naturelle et pour tous.

J'ai raconté le mien, brièvement :

– Je me suis désincarné à travers un anévrisme cérébral, je n'ai rien vu ni perçu ; pour moi, c'était comme dormir et se réveiller parmi des amis. Je me suis adapté rapidement, j'étais un esprit, et ce fait m'a beaucoup aidé.

– Vous êtes venu avec un diplôme ! – s'exclamait Ivo avec humour. Vous saviez ce qui allait vous arriver et ce que vous alliez trouver. Tu es très intelligente !

– En fait – répondis-je, celui qui a la religion à l'intérieur et vit selon l'Évangile est intelligent !

Le Spiritisme bien compris éduque pour la continuation de la vie.

– Croyez-vous, Patricia, qu'en tant que spirite, vous avez eu et reçu beaucoup ici sur le plan spirituel ? - a demandé Zé, se référant également au fait que Fleur Bleue nous a accompagnés dans les excursions à cause de moi.

— Zé, le Spiritisme m'a fourni un environnement favorable pour me réaliser intérieurement. J'ai vraiment suivi la Doctrine d'Allan Kardec, vécu l'Évangile de Jésus.

Mme Isaura interrompit doucement :

— Patricia s'accorde bien avec l'un des enseignements de, *L'Évangile selon le Spiritisme*, Chapitre XVIII – Beaucoup sont appelés et peu sont choisis. Dans le point douze, qui nous dit : « Aux spirites, il sera donc beaucoup demandé, parce qu'ils ont beaucoup reçu, mais aussi à ceux qui auront profité il sera beaucoup donné. »

Zé a raconté sa désincarnation :

— Mon incarnation était géniale, c'est à mourir de rire. Je suis mort de peur. Vraiment ! J'allais bien, au moins je n'ai rien senti. Un jour, un ami et moi sommes allés nous promener. Quand nous avons traversé la ligne de train, la voiture s'est arrêtée, est tombée en panne et n'a pas voulu démarrer. C'est à ce moment-là que le train s'approchait. Mon ami est sorti en courant de la voiture. Le désespoir m'a fait rester immobile. Mon ami m'a crié de sortir, et quand je ne l'ai pas fait, il est revenu et a essayé de faire démarrer la voiture, jusqu'à ce qu'il le fasse, puis il est parti une seconde avant le passage du train.

« Quelle peur j'ai eue, hein, Zé ! »

« Il n'y avait pas de réponse. Mon cœur s'est arrêté, me faisant mourir instantanément. En fait, je viens d'entendre mon ami parler, puis j'ai perdu connaissance. Mon Esprit s'est endormi. Je me suis réveillé seul, j'étais allongé près de la ligne de train. Je n'ai rien senti, je me suis levé et je suis rentré chez moi. Une fois là-bas, je me suis retrouvé en pleurant. Je suis entré et j'ai eu une autre frayeur. Je me suis retrouvé dans le cercueil. Je me sentais mal et personne ne s'en souciait. Confus, je pensais : « Je suis mort ? Je suis devenu fou ? Je meurs ? Mais personne ne m'a vu. J'ai décidé de clamer. Au moment de l'oppression, comme toujours, on se tourne vers Dieu. J'ai commencé à crier à Dieu, lui demandant pardon et aide. J'ai été choqué. « Calme-toi, Zé, quel scandale ! » C'est ma mère qui est décédée il y a longtemps. « Mère », j'ai crié, « Aidez-moi ! Je suis mort ou je suis fou ? » « Calme-toi, mon fils, essaie de te calmer. Êtes-vous un fantôme ? » J'ai demandé plus calme. « Non, je suis votre mère, qui t'aime beaucoup. N'ayez pas peur, je vais vous aider. » Maman m'a emmené dans un coin de la maison où il n'y avait personne et elle est retournée au salon, où le cercueil était avec mon corps, pour finir de se déconnecter. Deux amis sont passés à côté de moi et ont commenté : « Zé doit raconter des blagues à Saint Pierre. » L'autre a répondu : « Il est mort de peur, est-ce une façon de mourir ? « Blagues à Saint Pierre » – j'ai pensé – Je suis en train de passer par un énorme problème. » Puis un groupe de femmes a commencé à prier, je me sentais mieux et plus calme, ça m'a donné sommeil. Allez, Zé ! – dit maman. Je me suis posé dans ses bras et j'ai dormi. Je me suis réveillé et j'ai pensé que je rêvais, mais j'ai réalisé que tout était vrai. J'ai toujours été très joyeux et un catholique qui assistait à l'église. J'ai bien accepté le fait et j'ai essayé de m'habituer à la nouvelle vie : bientôt, je travaillais et aujourd'hui, je suis ce cours pour mieux servir. »

[63]

– J'étais athée ! – Ivo a commencé –. Athée convaincu qu'il avait raison. Je pensais, quand j'étais incarné, que tout était le résultat du hasard. Que Dieu était une personnalité inventée pour terroriser les ignorants. Il n'y avait rien de plus que la mort du corps. Je suis tombé malade, une maladie grave qui m'a submergée ; puis, parfois, je me demandais : « j'ai raison ? » J'avais peur et je pensais que la maladie était ce qui m'effrayait. L'idée du suicide est apparue, mais je l'ai rejetée, je n'étais pas un lâche, je pouvais supporter la souffrance. J'ai décidé d'attendre jusqu'à la fin.

Ne croire en rien est triste, il n'y a pas de réconfort, et quand vous pensez que nous avons terminé, vous donnez un sentiment d'agonie.

« Je n'ai pas réalisé ma désincarnation. J'ai continué à agir comme une personne malade à l'hôpital pendant une longue période, sentant l'abandon des membres de ma famille. Puis les Esprits enjoués m'ont fait sortir de l'hôpital et m'ont emmené au cimetière. Je savais prier, le peu Évangile que je connaissais ne m'est pas venu à la tête, parce que je n'y avais jamais prêté attention. Incarnée, je me moquais des personnes religieuses, mais ce n'était pas mal. Si je n'ai pas fait le bien, je n'ai pas fait le mal non plus. J'ai été emmené dans une ville de Seuil, comme esclave. J'ai dû faire certains types de travail pour eux. J'ai été comme ça pendant des années, jusqu'à ce que je comprenne tout : la vie continue après la mort du corps et Dieu existe. Fatigué de souffrir, je me suis tourné vers ce Dieu en qui je ne croyais pas, qui est notre Père Aimant.

L'aide n'est pas venue tout de suite, mais je n'ai pas abandonné, tous les jours, dans plus de foi, j'ai demandé de l'aide. J'ai été sauvé, emmené à un Poste. Reconnaissant et désireux de m'améliorer, j'ai me récupéré et est devenu utile. J'étais au Poste depuis longtemps. Puis je suis venu à la Colonie pour travailler. J'ai changé ma façon de travailler plusieurs fois, de savoir ce que c'est que de vivre ici. Ayant obtenu des éloges pour mon travail, car je n'ai jamais été paresseux, et le travail forcé en tant qu'esclave est très pénible, mais on apprend à travailler, alors j'ai demandé à étudier.

Je crois que si je connais ce monde merveilleux, je peux établir ma foi et être utile plus en toute sécurité.

Je me suis désincarné il y a quarante-cinq ans, vingt-cinq ans j'ai souffert de l'errance et dans le Seuil. Vingt-cinq ans, c'est beaucoup, mais c'était juste. Celui qui ne croit pas tout se réveille seulement de la souffrance.

Ivo – a demandé Luíza –, si vous aviez été mauvais, vous auriez souffert plus ?

– Certainement oui, je pense de plus en plus longtemps.

Teresita a parlé de sa désincarnation. Elle est calme, à la voix douce, très amicale :

– J'étais très religieuse, j'aimais prier, mais malheureusement la religion ne m'a pas appris ce que serait la mort. J'ai eu un cancer généralisé, ce qui m'a causé beaucoup de souffrance.

Puis je me suis demandé : « Pourquoi dois-je souffrir autant ? Dieu est-il injuste envers moi ? J'ai essayé de me renforcer dans la foi, mais je n'ai pas compris, et la foi pour aucune raison est difficile à maintenir. Je me suis désincarnée et j'ai été emmenée dans un Poste. Je me suis amélioré bientôt, mais je pensais que j'étais encore incarnée et en voie de guérison. Quand on m'a dit que j'étais désincarnée, je n'y croyais pas ; puis, comme je pensais et analysais, j'ai été terriblement déçu de ne pas être comme je le pensais et je suis devenu apathique. Je ne voulais rien, je ne voulais écouter personne et j'ai repensé : « À quoi servait d'être bonne et dévouée ? Dieu était juste envers moi ? Les superviseurs du Post m'ont emmené à une réunion Esprit. Au Centre, j'ai vu beaucoup de personnes mutilées et souffrantes et j'ai entendu le conseiller : « Voyez-vous le bon d'être bonne et dévouée ? Observez que beaucoup, avec leurs corps morts, n'avaient pas un remède comme vous, n'ont pas été emmenés à un Poste de Secours. Je regardais tout avec curiosité, je ne me suis pas assis, j'ai juste écouté et je suis revenu différemment. Plusieurs fois, je suis allé à des réunions et, avec les conseillers, je suis allé connaître le Seuil. Je me suis améliorée, je suis sortie de l'apathie et je savais que ma désincarnation avec la souffrance était pour résoudre les erreurs du passé.

Le monde spirituel m'a fasciné et je suis devenue assistant ; aujourd'hui, j'ai la grâce d'apprendre à servir plus sagement.

Ilda, tout simplement, a raconté sa désincarnation :

– J'étais heureuse, mariée à l'homme que j'aimais, et ma maison était un rêve. Quand je suis tombée enceinte, je me sentais comme la femme la plus heureuse. Mon accouchement est devenu compliqué et je me suis désincarnée après avoir eu une fille. J'ai été sauvée et emmenée, après la mort de mon corps, à un Poste de Secours. Comment j'ai souffert. J'ai essayé de ne pas me rebeller. J'ai senti le cri de mes parents et de mon mari. Tout laisser, quand vous êtes heureux, n'est pas facile ; seulement si nous avons la compréhension, comme Patricia, qu'elle était aussi heureuse et a continué à l'être. Mes parents ont pris l'enfant, ma fille, pour l'élever, et mon mari est retourné chez ses parents. Ils me manquaient beaucoup, je voulais m'occuper, caresser, prendre et allaiter ma fille. Je voulais être incarnée ! Je pensais justement à eux, je n'ai fait attention à rien d'autre. J'ai dû être endoctrinée, par une incorporation, dans un Centre Spirite, et avoir un traitement avec un psychologue ici. Peu à peu, je m'y suis habituée. Mon mari s'est remarié et a d'autres enfants. Ma fille est déjà adolescente.

Maintenant, j'adore vivre ici, mais ce n'était pas facile. Tout ce que j'ai vécu, c'était un processus d'apprentissage difficile mais nécessaire pour mon Esprit.

La désincarnation est la naissance de l'Esprit dans le monde spirituel. On avait un cours d'anatomie. Nous avons étudié les forces et vu dans les films comment déconnecter le périsprit du cadavre. Les équipes de sauvetage qui exécutent cette séparation se réunissent habituellement en groupes de trois à quatre sauveteurs. Pour travailler sur ce processus, ils font une longue étude et une formation, et ne peuvent faire que la déconnexion immédiate de quelques personnes. Donc, il n'y a pas beaucoup dans ces tâches. Nous avons vu leur travail dans les films, quand ils ont fait plusieurs séparations.

Après ce cours, n'importe lequel d'entre nous pourrait séparer quelqu'un après la mort de son corps, mais nous ne devrions pas le faire sans un ordre supérieur. C'est bon à savoir ! Savoir, c'est pouvoir faire !

La déconnexion se fait de plusieurs façons, il peut être quelques minutes après la mort du corps, quelques jours ou mois. Cela dépend du mérite des désincarnés.

Nous avons beaucoup étudié la partie du corps humain et, à l'aide de poupées, nous avons vu comment la séparation est effectuée.

Ces poupées sont des copies fidèles du corps humain et périsprit.

Nous avons parfaitement compris comment le corps physique fonctionne, ce qui lui passe et comment il se désintègre.

J'ai été impressionné de voir, dans les films, la déconnexion des gens qui se suicident. Cela se fait toujours longtemps après la désincarnation. Comme c'est triste ! C'est la pire désincarnation, bien que chaque cas est différent. Mais ceux qui pratiquent ce crime contre eux-mêmes souffrent beaucoup.

La classe théorique était très bonne et j'attendais la classe pratique.

7.– Séparation

Les classes pratiques étaient vraiment très importantes. Fleur Bleue nous a rejoints, comme toujours, très gentil et a travaillé dur. Tout d'abord, nous sommes allés dans des hôpitaux de la région. Autant que nous étudions, voir la tâche en personne est différent, parce que parfois l'émotion et la pitié entrent en jeu. Aussi, parce que c'est avec la désincarnation que nous trouvons les amis ou les ennemis que nous avons fait quand nous incarnions. Nous avons d'abord vu la désincarnation d'un homme que l'équipe de sauvetage est venue à séparer. Beaucoup d'amis et de la famille s'y attendaient.

Il s'est désincarné calmement. C'était beau, mais peu de temps après nous avons vu la désincarnation d'un autre homme, que beaucoup d'obsesseurs attendaient. Nous avons prié pour lui, mais nous n'avons pas pu empêcher les obsesseurs de le séparer et de l'emmener, certainement, au Seuil.

Mme Isaura a profité de l'occasion pour nous éclairer :

– Nous sommes ici pour un apprentissage, pour aider tous ceux qui ont eu droit à l'aide du bien. On ne peut pas interférer avec la récolte de personnes. Ce monsieur vibrait avec les inférieurs et non avec nous ; toute sa vie, il a été en harmonie avec eux, avec ces frères obscurs, et maintenant il ne peut avoir la compagnie qu'il a choisi lui-même. Quand on fait des erreurs, on vibre avec les mauvaises. Ce monsieur a besoin de souffrir, d'apprendre. La souffrance est le médicament dont vous avez besoin.

Nous avons vu beaucoup des désincarnations. Il y en a beaucoup dans les grands hôpitaux. Nous aidons les sauveteurs à séparer un grand nombre d'entre eux.

Là où nous allions, nous nous présentions, à notre arrivée, aux responsables du lieu. Nous avons toujours été bien accueillis et nous avons été dans de nombreux hôpitaux.

Les séparations d'enfants sont rapides. Habituellement, quand ils sont sur le point de mourir, une équipe de sauveteurs est déjà à proximité, et ils sont toujours emmenés à un Poste de Secours.

J'ai été impressionné parce que les enfants me touchent toujours, mais c'est plus facile, ils ne sont généralement pas aussi attachés à la matière que les adultes.

Ensuite, nous étions de service sur les routes les plus fréquentées. Sur les grandes autoroutes, il y a, à certains endroits, de petits Postes de Secours et, dans le plus simple accident, un dispositif est activé qui indique l'emplacement et la gravité. L'équipe de sauvetage arrive, avant même le sauvetage matériel. Les travailleurs nous ont accueillis avec joie. J'espérais qu'il n'y aurait pas d'accident, mais il y en avait plusieurs. Les Postes de Secours sur les routes sont toujours en contact, donc quand un accident s'est produit, nous sommes informés instantanément et nous nous rendons immédiatement sur les lieux. Ce n'est pas agréable de voir des gens blessés et endoloris. Nous aidons à la fois les blessés et les désincarnés. La séparation dans les accidents est parfois violente, car le corps meurt et le périsprit s'éteint instantanément. Nous apportons beaucoup d'Esprits au Poste de Secours de la route. Là, ils reçoivent les premiers soins, puis ils sont emmenés à d'autres Postes de Secours.

Souvent, seule la séparation se fait sans aider l'Esprit. Il y a des séparations qui prennent peu de temps. D'autres se font progressivement, en prenant des heures.

Après de nombreuses heures sur les routes, où nous avons vu de nombreux accidents avec des décès et de nombreux blessés, nous sommes allés au cimetière.

– Voici beaucoup attachés au corps physique, notre travail d'apprentissage est d'aider, de séparer autant que nous le pouvons.

Il y avait beaucoup qui grognaient à côté des corps pourris ; d'autres dormaient dans des cauchemars. Les travailleurs de l'équipe de sauvetage du cimetière sont venus nous accueillir :

– Bienvenue, groupe d'étudiants ! Nous vous sommes très reconnaissants de votre présence. Chaque fois que vous venez ici, vous parvenez à aider de nombreux frères qui ne savent pas comment se désincarner et pour cela, ils souffrent.

Les Esprits errants, fauteurs de troubles, aiment se promener dans les cimetières, s'amuser avec ceux qui souffrent et se moquer de ceux qui pensent qu'ils sont incarnés. Nous avions des recommandations pour les ignorer. Pendant notre travail, ils nous ont observés, même se moqués de nous, mais sans s'approcher.

Dans le cimetière, il y avait beaucoup liés au cadavre.

– Il y en a tellement ! – s'est exclamé Zé – Je parie que nous pouvons emmener la moitié au sauvetage. Je parie qu'il n'y en aura que dix – a déclaré Luis.

– Il en reste trois – j'ai dit.

Le groupe est heureux, on ne peut pas baisser la vibration avec tristesse et pitié sans aide. Nous avons parlé pour le plaisir

Nous souhaitons que personne ne soit laissé sans aide. Je répète que nous ne pouvions aider que ceux qui le demandaient avec humilité et sincérité et ceux qui avaient besoin d'aide, mais pas les rebelles qui blasphémaient. Ceux-ci sont très nécessiteux, mais il est inutile de les emmener à un Poste, parce qu'ils n'acceptent pas et n'apportent que problèmes à l'endroit où ils sont pris.

Et nous sommes partis, tous excités, en essayant de leur parler. Ce n'est pas facile !

Dans ceux qui dormaient, nous leur donnions des laissez-passer, en mentalisant nos forces pour voir si nous pouvions les réveiller, les calmer et les faire penser à Jésus, à Dieu.

Trois de ceux qui dormaient se sont réveillés terrifiés et, aussitôt que nous les avons séparés, ils se sont enfuis. Ils seraient certainement sauvés plus tard. Ceux qui gémissaient ont été troublés par la douleur et l'horreur d'être là. Nous leur avons donné le laissez-passer et leur avons demandé de rester calmes. Nous avons pu en séparer beaucoup, en les aidant et en les amenant au Poste de Secours. Dans presque tous les cimetières il y a une petite Poste, où les sauveteurs prennent les sauvés, pour une courte période.

Certains repoussent notre aide, même nous maudissent. On ne pouvait rien leur faire.

Pour moi, ce travail est délicat, et j'admire ceux qui le font. Ce n'est pas facile de voir beaucoup de chagrins. Le souhait qu'il m'a donné était d'aider tout le monde, mais ce n'est pas possible et, par conséquent, beaucoup étaient coincés là dans leur corps en décomposition. Mais notre travail en valait la peine, car les quelques personnes que nous avons aidées nous ont remplis de joie.

J'admire les sauveteurs des cimetières.

Presque tout le monde vit dans le petit Poste, ils travaillent dur, ils ont peu de repos et ils sont heureux. Ils adorent ce qu'ils font.

– Je pensais que j'allais me salir en traitant avec tant de frères sales, certains même en train de pourrir – a déclaré Luíza sincèrement.

Frederico a répondu :

– Non, Luíza, on ne se salit pas. Donc, nous savons comment mouler la propreté, en nous nettoyant par la force de la tête. En fait, la plupart des frères qui souffrent ici sont sales, mais nous devons voir les frères souffrants et penser que peut-être nous pourrions être l'un d'eux. La saleté extérieure n'est pas un obstacle à l'aide.

Nous sommes allés voir des funérailles. Toujours un nuage gris de tristesse et d'agonie plane sur la place. Nous en avons vu où seul le corps était surveillé, l'Esprit étant déjà séparé, absent.

Mais à certains funérailles, l'Esprit était là, confus. Dans d'autres, ils dormaient près du corps. Ce qui fait obstacle dans ces endroits, ce sont les pleurs. Comme il serait bon si tout le monde comprenait la désincarnation telle qu'elle est et acceptait cette absence physique, en aidant les désincarnés avec des pensées d'affection, en priant dans la foi, en aidant à se séparer sur leur voyage vers le plan spirituel !

Raimundo est allé avec Joaquim pour traiter, ailleurs, d'un cas particulier. Nous aurions deux heures pour rester dans l'écorce et faire ce que nous voulons. Presque tout le monde a suivi Mme Isaura, qui voulait retourner au cimetière. C'était la nuit, j'ai invité la classe à venir à ma maison terrestre. Certains ont accepté, Frederico nous a accompagnés. Nous étions sept.

Nous sommes entrés dans la maison et nous nous sommes installés dans la salle de télévision. Je suis toujours excité quand je rentre dans mon ancienne maison. Il est très agréable de sentir les mouvements des membres de la famille, la chaleur humaine, l'affection avec laquelle ils me rappellent.

On a commencé à parler. Ma famille dormait.

La conversation s'est animée, Zé a fini par faire un bruit physique à la télévision. Nous nous taisons sur place.

Mes parents se sont réveillés et sont venus voir ce qui avait fait du bruit. Ne voyant rien, ils se sont vite rendormis. Zé, sérieusement, nous a parlé :

– Respectez la maison de Patricia, ses fantômes mineurs. C'était juste une blague.

Zé dit souvent que nous ne sommes pas si glissants ou si important. Nous ne sommes que la moitié...

Frederico a expliqué qu'il était possible de faire du bruit, parce qu'il y avait quelqu'un de sensible dans la maison et parce que nous étions distraits en train de parler. Il a poliment demandé à Zé de ne plus faire ce genre de blagues. Il a compris et s'est excusé.

À l'heure convenue, nous avons pris l'aérobus, qui se trouvait dans un Poste de Secours, et nous sommes retournés à la Colonie. Dans la classe finale, nous voulions tous parler. Les premiers à répondre au cimetière ont été nos héros.

– Je voulais séparer tous ceux que j'ai vus, même connectés au cadavre – a déclaré Teresita. N'aurions-nous pas pu le faire ?

– Si nous avions séparés tout le monde, nous n'aurions pas agi avec sagesse – a répondu Mme Isaura –. Lorsque nous faisons quelque chose prématurément, il nuit presque toujours aux personnes sauvées. Tous les patients ont besoin du bon médicament.

– Nous avons également vu des membres de la famille séparer leurs proches, sans la présence de sauveteurs. Je ne pensais pas que c'était possible – a dit Marcela.

– Maintenant, vous le savez, et peut-être que vous pouvez le faire, tant que vous en avez l'autorisation. Vous avez déjà vu des membres de la famille séparer leurs proches, mais seulement ceux qui pouvaient déjà recevoir de l'aide ; d'autres, c'est-à-dire ceux qui n'ont aucun mérite, les membres de la famille ne peuvent pas aider.

– Nous avons aussi vu les obsesseurs séparer cet homme. Je pensais que seuls les bons le savaient – a dit Luís.

– Savoir n'est pas seulement le privilège de bonnes personnes. Les mauvaises personnes le savent et plus encore. Oui, ils séparent, ils le font avec leurs camarades et avec ceux qui détestent.

– Les mauvais Esprits peuvent-ils désincarner une personne ? – Ivo a demandé.

– Non. Ni un mauvais ni un bon Esprit ne peut le faire. Ils ne peuvent que séparer. Et ils se séparent quand le corps est déjà mort. La mort du corps suit la loi naturelle. Un incarné peut tuer un autre incarné. Mais le désincarné ne peut pas tuer le corps d'un incarné. Le bon et le mauvais doivent attendre que le corps physique meure pour séparer le périsprit.

– Nous avons déjà désincarnés tant de fois, et chaque fois cela paraît phénoménal. Pourquoi cela se produit-il ? – Gloria a demandé.

– Manque d'éducation sur la désincarnation, manque de compréhension. Parmi les incarnés, c'est le Spiritisme qui donne la compréhension de la désincarnation. On ne vit pas non plus toujours incarné comme il se doit, avec la conscience tranquille, et la mort, qui est inconnue par beaucoup, finit par provoquer la panique.

— Y a-t-il quelqu'un qui connaît bien la désincarnation et qui peut se séparer ? – J'ai demandé

— Ce sont des cas rares, mais ils le font. Qui sait, le sait.

J'étais doublement heureux, j'ai pensé à ma famille ; certainement, s'ils continuaient à étudier comme ils le font, ils ne seraient pas liés au cadavre. En plus, maintenant que je savais, j'ai appris à aider.

La désincarnation était vraiment un sujet intéressant !

8.- Réincarnation

Dans la classe théorique, nous avons acquis des connaissances sur l'anatomie, étudié le corps humain. Puis nous avons vu, à travers les films, de nombreuses réincarnations. Nous avons assisté à la naissance de jumeaux, observant comment deux Esprits ou plus se préparent à se réincarner ensemble. Et aussi comment c'est le processus d'oubli du passé. Nous avons tous un nouveau départ dans la réincarnation. Nous ne voulons pas recommencer en nous rappelant le passé. Nous avons la grâce d'oublier nos erreurs, afin que dans le nouveau corps nous puissions recommencer sans la douleur des remords.

– Est-il utile de se rappeler du passé, d'autres existences ? – Teresita a demandé.

– Quand ils ne sont pas en forme, seuls ceux qui sont aptes peuvent s'en rappeler, et si cela leur est utile. Dans le cas des incarnés, seulement dans certains cas. C'est nuisible de se rappeler par curiosité. Parfois, se rappeler est une thérapie, comme chez les personnes ont tendance à se suicider. Peut-être en sachant un peu ce qu'il a souffert quand il s'est suicidé dans le passé, il va lutter contre cette tendance et essayera de la surmonter. Certaines personnes traumatisées atténuent leurs problèmes avec la mémoire.

Lorsque on se rappelle par soi-même, c'est parce qu'on est assez mature pour le faire. Au contraire, quand les Esprits immatures ont beaucoup de souvenirs, ils deviennent fous – a répondu Raimundo.

– Quand j'étais incarné, j'ai vu des fous, qui avaient deux personnalités, est-ce parce qu'ils se souvenaient du passé ? – Ivo a demandé.

– Chaque cas doit être analysé pour faire le diagnostic. Mais il se peut que, se souvenant sans préparation appropriée, le cerveau physique tombe malade, confondant tout. Je connais des obsesseurs qui, en voyant que l'incarné a tendance à la folie, le forcent à se souvenir du passé et, par conséquent, il tombe malade. Oublier est une bénédiction !

– Mais nous avons des faits du passé, des peurs, des affections et des désaffections, n'est-ce pas ? Toujours, quand on s'incarne, on a le sentiment de connaître des lieux ou des gens – a déclaré Rosalia.

– Nous oublions tous le passé pour nous réincarner, mais l'impression des événements les plus remarquables demeure dans beaucoup. C'est pourquoi nous ressentons ces sensations.

De nombreux faits intéressants ont été racontés. Il y a des groupes qui sont en syntonie avec une grande famille spirituelle et qui cherchent toujours à se réincarner ensemble, en s'aidant les uns les autres. Il y a aussi une réincarnation dans une tentative de réconcilier les Esprits, bien que cela ne soit pas toujours réalisé. Nous connaissons de nombreux cas, des membres de la famille qui se détestent et parfois même s'entretuent.

Joaquim a raconté son histoire :

– Un autre Esprit et moi avons été ennemis pendant des siècles. Alors nous nous sommes réincarnés en frères dans ma dernière existence, afin d'apprendre à aimer. Depuis que nous sommes petits, nous nous battons, nous nous détestons. Pendant l'une de ces bagarres, il m'a frappé avec un couteau, j'ai été gravement blessé et je suis venu me désincarner quelques jours plus tard. Je suis content qu'il se soit repenti, en demandant pardon, et je lui ai pardonné de tout mon cœur. Il est encore incarné et sincèrement repentant. Mais il y a eu tellement d'offenses entre nous, que nous devrons être à nouveau ensemble pour unir nos liens d'affection.

– Serez-vous capable de vous battre à nouveau ? – Cecilia a demandé. Joaquim a répondu :

– J'espère que non. J'ai essayé d'apprendre : je travaille dans le Poste, dans le Seuil, au milieu de beaucoup de souffrance pour réaliser le bien. Aimer tout le monde comme moi.

Nous sommes allés au Département de la Réincarnation de la Colonie. C'est un très beau bâtiment, entouré de jardins. Le bâtiment de trois étages est réservé au Département. D'innombrables personnes y travaillent. Sa décoration est simple, à base de peinture beige clair. Il y a beaucoup de bureaux. D'abord nous avons séjourné dans le hall, il y avait plusieurs personnes se préparant à la réincarnation. Nous nous sommes mélangés avec eux, nous avons parlé pour connaître leurs problèmes et ce qu'ils voulaient.

Je me suis approché de deux dames, je me suis présenté : L'aîné a dit :

– Je suis ici pour demander une réincarnation. Mon arrière-petit-fils, un Esprit bien aimé, veut tomber enceinte, j'espère être ce bébé. Je lui fais confiance et je sais qu'elle m'élèvera bien.

– Je m'inquiète – dit l'autre dame. Je veux me réincarner pour oublier. J'ai fait beaucoup d'erreurs dans mon existence passée et, bien que j'essaie de ne pas souffrir pour eux, je ne peux pas, le remords me suit. J'ai demandé à oublier, avec la bénédiction de la réincarnation. Mais j'ai abusé des addictions, avec des boissons alcoolisées et du tabac, nuisant à mon corps sain. Maintenant, quand je m'incarnerai, j'aurai des maladies qui me tiendront éloigné de ces addictions.

Je pensais à ce que j'ai entendu. J'ai cherché Frederico et demandé : Frederico, est-ce possible pour ce que cette dame m'a dit de se produise ? – Et je lui ai dit le fait.

– Patricia, nous sommes ce que nous avons construit dans le passé et nous serons à l'avenir ce que nous construisons dans le présent. Cette dame ne pouvait pas s'éduquer. En se réincarnant de cette manière, elle pourra transmettre au corps physique ce qu'elle pense.

Je me suis encore mélangé avec les autres. J'ai approché un homme et une femme qui étaient encore jeunes. Elle nous a dit :

– J'aime vraiment la personne qui sera mon père. Mais je n'aime pas ce que ma mère va être. Je sais qu'elle n'a aucune sympathie pour moi.

– N'avez-vous pas appris à l'aimer ? – J'ai demandé
– Eh bien, ce n'est pas facile. Elle est très ennuyeuse.
Je suis allé demander à Frederico à nouveau.

– Maintenant, Patricia, nous tous sur la liste des réincarnations avons des défauts à surmonter et des vertus à acquérir. Ce n'est pas parce qu'ils vont se réincarner que cela signifie qu'ils sont des saints ou qu'ils ont tout appris dans un manuel sur la bonne vie. S'ils étaient parfaits, la Terre ne serait pas dans ce pétrin que nous voyons.

Le fait est que cette préparation est pour quelques-uns. Comme il y a aussi peu de gens qui peuvent choisir des pays, comment ils seront, etc. Cette préparation n'est possible que pour ceux qui travaillent, sont dans les Colonies et les Postes de Secours.

Il y a de nombreuses salles dans le Département. La salle de commande est très populaire. C'est là que les demandes de réincarnation sont faites. Les gens qui travaillent au Département sont formés et expérimentés. Ils ont des tâches au Département et sur la Terre, surveillant les réincarnations et aidant à sensibiliser les gens.

Il y a la salle de moule, où vous étudiez les formes du corps que les réincarnations futures auront. C'est très beau ; nous avons vu quelques moules parfaits de corps, qui auraient des maladies après un certain âge, etc. Les techniciens sont qualifiés, studieux et aiment ce qu'ils font. Ces moules sont faits de cette façon : l'Esprit que vous voulez réincarner va là et demande à être moulé. Selon l'apparence physique des parents, les techniciens dessinent le modèle, en tenant compte des demandes de réincarnation, telles que les maladies, les détails, etc. Quand ils sont réincarnés et leur périsprit rétrécit pour se connecter avec le fœtus, tout est fait sur la base de ce moule. Le moule est fait pour le fœtus, mais on sait à quoi il ressemblera une fois adulte. Pas tous ceux qui réincarnent fait usage de cette salle. Peu peuvent choisir le corps qu'ils auront. Ces quelques-uns sont les cas, où il y a des problèmes particuliers, dans lequel les spécialistes du Département demandent qu'ils soient faits, et les cas d'Esprits avec beaucoup de mérite.

Il y a aussi la salle d'attente, où se trouvent les candidats à la réincarnation qui demandent à être réincarnés et à attendre leur tour.

J'ai beaucoup appris à parler aux gens. Et j'ai réalisé qu'ils ne pensent pas de la même façon. Beaucoup aiment la vie incarnée et demandent une nouvelle opportunité dans le corps D'autres voulaient la réincarnation parce que c'était nécessaire, mais ils aimaient la vie spirituellement. Dans certains d'entre eux la peur était présente, ils avaient peur de se perdre dans la matière. Ils savent que l'incarnation trompe beaucoup et que le chemin du confort est plus agréable. Ils savent que grandir spirituellement n'est pas facile.

Nous parlons beaucoup, nous encourageons tout le monde. Se réincarner, c'est mourir pour le monde spirituel.

La classe pratique était super, au moins nous n'avons pas vu pleurer. La naissance est presque toujours une cause de joie.

Fleur Bleue nous a rejoints. Je lui ai demandé
– Comment va le travail au Centre Spirite ?
– Très bien. Nous avons eu beaucoup d'activités ces derniers temps. J'ai pensé : « Pauvre garçon, tant de travail et lui ici avec moi. »

J'ai oublié qu'il pouvait lire mes pensées. Il répondit calmement :

– Oui, il y a beaucoup de travail, mais le mien c'est maintenant et je le fais avec amour. Le pauvre, c'est celui qui n'aime pas ce qu'il fait.

Savoir qu'ils me font confiance pour vous protéger est un cadeau que je reçois.

J'ai souri et j'ai aussi pensé : « J'ai beaucoup à apprendre, à vivre sans tanner sur le plan spirituel. »

Nous sommes d'abord allés voir la réunion des parents avec leurs futurs enfants.

Les travailleurs du Département emmènent à l'Esprit ; c'est-à-dire le candidat à la réincarnation, à la maison de ses parents.

Ils sortent les incarnés du corps pendant qu'ils dorment. Ce sont surtout des rencontres heureuses. Il n'y a que des difficultés lorsque la réincarnation et la réconciliation se produisent puisque les incarnés ne veulent pas accepter leurs ennemis comme des fils.

C'est excitant de voir des Esprits partageant les mêmes idées se réunir à nouveau. Nous sommes émus de voir une réunion entre un futur père et son fils. Deux amis Esprits depuis des siècles.

Nous avons également vu des Esprits unis aux fœtus. L'Esprit réincarné reste avec la mère, unie. C'est si mignon !

Comme la maternité est merveilleuse !

Nous avons été témoins d'une réincarnation frustrée, qui n'a pas fonctionné. La femme enceinte est tombée malade, a endommagé le fœtus et il est mort.

– Et maintenant ? – Cecilia voulait savoir. Que va-t-il se passer ?

– Nous avons profité de l'occasion pour aider la mère – a déclaré Frederico –. Cet Esprit sera ramené au Département et sera réessayé.

– Avec cette même famille ? – Ivo a demandé.

– Tout indique oui, parce qu'il y a des affections, mais si ce n'est pas possible, il choisira une autre famille.

Nous avons également observé une mère qui arrivait à l'hôpital après avoir pratiqué un avortement et qui saignait beaucoup. Le réincarné était attaché à elle. Les techniciens l'ont sorti de la femme et l'ont emmené au Département, à un endroit précis.

Ce que nous avons aimé voir, ce sont les livraisons et l'aide. C'est tellement agréable de voir un bébé naître. La naissance est un régal pour la plupart des incarnés. Voir des parents heureux avec leurs enfants est une joie pour nous tous.

Mais il y a des réincarnations qui ne fonctionnent pas, et la désincarnation de l'enfant se produit peu de temps après. Cela se produit pour de nombreuses raisons, et l'Esprit est toujours ramené au Département. Là, ils planifient de se réincarner ou de revenir à leur aspect précédent de leur réincarnation frustrée. C'est un apprentissage.

Nous avons vu une mère qui a abandonné son fils, ne voulant pas le voir. Nous avons entendu dire que le réincarné était son ennemi, et qu'elle refusait de l'avoir. Encore une fois, nous sommes allés à la salle de classe pour la conclusion. Ce sujet, bien que fascinant, n'était pas intense. Les questions étaient peu nombreuses.

– Comment se sent l'Esprit après un avortement ?

– Si l'avortement était naturel, c'est-à-dire que quelque chose n'a pas fonctionné et que le fœtus est mort, le réincarné se sent désolé qu'il n'ait pas fonctionné, essaie à nouveau, parfois avec les mêmes parents ; si cela n'est pas possible, il en choisit d'autres. Ils ne ressentent pas la douleur, rien, c'est comme si vous alliez faire un saut, essayez et ça ne marche pas, alors il reste à se préparer et à réessayer. Dans l'avortement induit, l'Esprit ne ressent aucune douleur, mais ressent la répulsion, le rejet. Il est habituellement sauvé et emmené au Département. Mais il y a des cas où le réincarné se rebelle et ne peut être aidé, alors il reprend la forme précédente et devient un obsesseur des parents ou de la mère.

– Pourrait-il y avoir des accidents imprévus dans la réincarnation ? – Ivo a demandé.

– Oui, nous avons vu un avortement naturel, dans lequel, malheureusement, la mère est tombée malade et le fœtus est mort.

– J'ai trouvé très intéressant le cas du père qui voulait la réincarnation pour son fils, et la mère ne l'a pas fait – a déclaré Cecília.

– En fait – a répondit Frederick –, c'est commun : un conjoint veut un Esprit pour un enfant, et l'autre non. Les techniciens essaient toujours de réconcilier les deux parties.

– Est-ce que toutes les mères qui abandonnent leurs enfants le font parce qu'elles étaient leurs ennemies ? – Luís a demandé.

– Non, ils le font souvent par nécessité, parfois parce qu'ils ne veulent pas de responsabilité. Il arrive aussi, comme le cas nous avons vu, qu'ils sont des ennemis, et la mère ne le veut pas.

Il existe d'autres types de réincarnation : ceux qui ne sont pas aidés par des Esprits protecteurs du bien. Nous n'avons pas vu ces cas dans le cours. Maintenant, ce n'est pas à moi d'entrer dans ces détails, parce que je ne suis pas encore au courant.

J'y ai bien réfléchi, je ne veux pas me réincarner bientôt. J'aime tellement la vie sur le plan spirituel ! Cependant, je sais qu'un jour je devrai le refaire. Maintenant, j'ai compris ce qu'un monsieur du Département m'a dit :

– Maintenant, si tout le monde comprenait ce qu'est la vie quand ils sont incarnés, ils pleureraient dans la réincarnation et non dans la désincarnation !

9.– Cause et effet

La classe théorique sur la cause et l'effet, ou les causes de la souffrance, était très occupée. Tout le monde avait des exemples et des histoires à raconter.

Frederico a ouvert la classe en faisant une belle dissertation :

– Nous sommes un héritage de nous-mêmes. Nous sommes ce que nous avons construit. Si nous voulons nous améliorer, nous devons le faire maintenant, dans le présent. Dans cette leçon, nous verrons des gens qui souffrent, ressentent l'effet et étudierons la cause. Chaque cause a un effet. Bonnes causes, bons effets ; mauvaises causes, effets négatifs. Sur Terre, peu arrivent à l'université. Pour une minorité, le karma négatif est annulé par la transformation interne, travaillant pour le bien, réparant les erreurs, et faisant des erreurs. Il le fait pour la souffrance. Mais pour la plupart, la douleur élimine le karma négatif.

Ce qui est fait, est payé, est ce que presque tout le monde pense et il doit en être ainsi jusqu'à la maturité, pour que l'esprit le comprenne.

Pour sauver les erreurs, les réparer, il faut beaucoup de sincérité. Laisser ce que vous avez à faire pour l'avenir, c'est reporter ; un report qui n'est pas toujours possible, car à long terme l'abus aurait des conséquences pires. Il est important de grandir avec compréhension. Nous avons tous l'occasion de grandir par l'amour ; si nous le perdons, la douleur, sage camarade, vient nous propulser. Réparer les erreurs à travers l'amour, par la transformation interne, est le thème des Colonies d'Étude, pour ceux qui souhaitent continuer à apprendre. Donc, ceux qui sont intéressés peuvent, après le cours, continuer à étudier, en approfondissant le sujet.

« Quand j'étais incarné, j'ai fait beaucoup d'erreurs, mais j'ai compris l'erreur, et cette compréhension m'a fait travailler en Médecine avec beaucoup d'amour. » J'ai utilisé mes connaissances médicales pour le bien de tous ceux qui sont venus à moi. J'ai changé le sauvetage de la souffrance pour le travail au nom des autres et pour ma transformation intérieure.

Lors de ma dernière visite sur Terre, j'ai rencontré Patricia. Elle vivait incarnée dans son avant-dernière incarnation. Cette amie a fait une erreur, a souffert et a demandé à être réincarnée. Elle planifiait de se désincarner jeune après une longue maladie. Mais ce n'était pas le cas. Elle est retournée jeune sur le plan spirituel, mais n'était pas malade. Son expérience de bonté, de modification et de réalisation interne annule le karma négatif, et elle n'a pas besoin de souffrir de la maladie pour s'adapter. Modifié l'effet, c'est possible, mais il doit être vraiment sincère, et ce changement, cette réalisation, doit être vrai.

Pendant que Frederico parlait, j'ai senti que c'était vrai, j'ai senti que je serais malade pendant une longue période, que mon état continuerait d'empirer. Cette souffrance serait une réaction, mais la situation avait changé. Je n'avais pas à souffrir pour gagner.

Frederico a poursuivi en expliquant :

– Le corps périsprital et le corps matériel forment une composition harmonieuse des énergies. Lorsque nous agissons égoïstement, nous déséquilibrons cette composition vibrante dans l'Esprit et le corps. Ensuite, il y a la décomposition ou la maladie. Voyant l'erreur, l'Esprit veut la réparer et, pour cela, il doit changer son mode de vie, non pas à l'extérieur, mais avec une compréhension profonde. La douleur, lorsqu'elle est comprise, transforme l'individu dans sa façon d'agir. Mais si vous ne comprenez pas, la douleur peut vous inciter à vous rebeller, et il peut y avoir une plus grande accumulation de déséquilibre ou de dette.

Frederico a fait une pause ; nous avons tous prêté attention à l'exposition qu'il développait. Sagement il a complété :

– Les réactions, les effets, peuvent être à la fois pour le bonheur et la souffrance. Une personne qui a vécu dans la bonté doit bientôt désincarner une réaction d'aide, de bonheur sur le plan spirituel.

« Les effets du bien, qui apportent paix et harmonie, n'ont pas besoin d'être modifiés. Ceux qui souffrent, d'autre part, peuvent, par libre arbitre et volonté, l'atténuer ou l'annuler. Mais notre étude traite sur les effets de la douleur, de la souffrance.

Nous avons tous pu parler, donner des opinions et raconter notre propre histoire. Murilo a été le premier :

– Quand j'étais incarné, mon bras et ma main droite avaient toujours des blessures. Quand ils se sont asséchés, ils m'ont laissé le bras noir. Cela a fait très mal. J'en ai souffert, depuis l'enfance jusqu'à ma désincarnation. Ce n'est qu'après un certain temps que j'ai été sauvé et, admis dans un hôpital de la Colonie, que j'ai été guéri. Il n'y a pas si longtemps, j'ai pu connaître la raison de ma maladie, que rien et personne ne pouvait guérir. Dans mon autre existence, j'étais un fier colonel et j'ai fouetté plusieurs esclaves noirs pour être paresseux. Je me suis désincarné, j'ai beaucoup souffert et j'ai blâmé le bras et la main qui tenaient le fouet.

Je me sens coupable et une maladie est venue brûler les fluides négatifs que j'avais générés par le remords.

Lauro a également raconté son histoire :

– Incarné, dès mon plus jeune âge, j'ai eu de l'asthme ; tout au long de mon existence, j'ai eu plusieurs crises, qui m'ont beaucoup affligé et j'ai souffert.

J'étais pauvre, mes parents se sont désincarnés et j'ai dû travailler pour subvenir à mes besoins, car mes frères, tout aussi pauvres, ne pouvaient pas prendre soin de moi ou me soutenir. Les crises m'ont fait perdre mon emploi et m'ont souvent été licencié. J'étais très essoufflé ; quand j'étais très malade, j'ai été admise à l'hôpital, et c'est à un de ces moments que je me suis désincarnée, étant enterrée comme une indigente. Mais je me suis résigné, j'ai senti que ma souffrance était méritée. Souvent, j'ai pleuré, mais je ne me suis pas rebellé. Je me suis désincarné et j'ai été sauvé, car tous ceux qui souffrent avec résignation, comme moi, ont la bénédiction de l'aide au cas où la personne a été bonne. J'ai dû rester à l'hôpital pour comprendre la maladie qui m'affectait. Il y a quelque temps, j'ai découvert que j'étais suicidaire dans mon existence précédente. Pour une raison stupide, j'ai endommagé mon corps parfait, le détruisant imprudemment. Je me suis suicidé pour un amour non partagé. Je me suis jeté dans une rivière profonde, meurent par noyade.

Lauro a été ému de raconter. Mme Isaura a profité de l'occasion pour apporter quelques précisions :

– Toutes les réactions, effets, n'ont pas des causes similaires. Toutes les personnes asthmatiques n'ont pas agi comme Lauro. Les raisons d'une existence avec des difficultés à respirer sont nombreuses.

Laís voulait aussi parler :

– Incarnée, j'étais mariée à une bonne personne. J'ai tout essayé pour avoir des enfants et je ne pouvais pas. J'ai vécu frustrée et désireuse d'être une mère. Après une période de désincarnation, voulant savoir pourquoi je n'avais pas d'enfants, je savais que dans l'existence précédente, j'ai eu beaucoup d'avortements, juste parce que je ne voulais pas déformer mon corps. Mon copain était aussi le même dans cette existence et m'a encouragé à avorter.

– Laís – a demandé Nair –, avez-vous payé pour le karma négatif que vous avez généré ? Vous sentez-vous en paix à ce sujet ?

– J'ai souffert et appris par la douleur à valoriser la maternité. Mais j'aurais pu adopter des enfants orphelins. Si j'avais fait ça, j'aurais annulé par amour l'effet négatif que j'ai créé. Peut-être, dans cette incarnation même, j'aurais des enfants.

Quand nous aimons les enfants des autres comme les nôtres, nous changeons la réaction. Malheureusement, je ne savais pas comment faire cela.

J'étais égoïste.

James a raconté ce qui lui est arrivé :

– Quand j'avais quarante ans, j'étais sourd. C'est très triste de ne rien entendre. Trente ans je n'ai pas entendu un seul bruit. J'ai également souffert d'un accident vasculaire cérébral qui m'a cloué au lit pendant des années. J'ai eu beaucoup d'enfants, mais une seule fille s'est occupée de moi. Dans cette incarnation, j'étais bon, honnête et travailleur. Je crois, ou suis-je sûr, que j'ai souffert des erreurs d'autres existences. Mais je n'ai pas eu le courage de m'en souvenir. Peut-être parce que je n'ai pas tout payé.

C'est pourquoi j'étudie, je veux payer le reste, annuler les effets de mes erreurs, m'engager dans un bon travail, dans ma transformation intérieure.

Nous sommes tous impliqués dans des histoires comme celle-ci. Presque tout le monde parlait d'eux-mêmes, comme Gloria :

– Quand j'étais adolescent, je suis tombée malade, j'ai eu des crises, des malaises, de la lutte et je bavais. J'ai beaucoup souffert, j'avais constamment gêné de faire des spectacles. Il suffisait de quitter la maison pour avoir ces accès. Je sortais, je devenais nerveuse et ils venaient. J'étais très catholique. J'ai souvent eu ces crises pendant les messes, et le pasteur m'a dit, en essayant d'être gentil, que j'étais excusé d'assister à la messe. Mais j'adorais aller beaucoup, prier, et j'étais très triste. Les gens avaient peur de la contagion et, souvent, je suis tombée dans la rue et j'y suis restée. Nous étions pauvres, mais pendant que j'avais une mère incarnée, j'étais protégée. Quand elle est décédée, je suis restée avec mes frères, chaque saison avec un. J'ai senti que ce n'était pas bien acceptée. Mais je n'avais nulle part où aller, et à cause des quelques études, je n'ai pas pu trouver un emploi. J'avais quarante ans quand j'ai commencé à prendre des médicaments plus forts et plus modernes, et les accès ont diminué. Désincarnée, j'ai été sauvée parce que j'ai souffert avec résignation et je n'ai rien fait de mal. Je savais que j'avais vécu les premières années une incarnation obsédée. Et que c'était ma mère désincarnée qui a fait tout ce qu'elle pouvait pour me faire pardonner. Dans mon existence précédente, j'avais été un riche seigneur des esclaves, commis de nombreux maux, et je n'avais pas été pardonnée par trois Esprits, qui m'ont accompagné, alors pour se venger. Après des années, ils se sont fatigués parce que, comme je priais tout le temps, je me suis assurée qu'ils ne pouvaient pas beaucoup m'atteindre. Mais, à cause de mes propres erreurs, j'ai souffert.

 Aujourd'hui, ces trois Esprits sont incarnés, et je vous aide chaque fois que je peux. Luíza a dit :

 – Dans la dernière incarnation, j'ai eu une maladie qui m'a fait avoir les jambes défectueuses, je marchais avec difficulté.

Désincarnée, j'ai appris que dans l'existence précédente, je me suis suicidée, en me jetant d'une falaise, en endommageant mon corps parfait.

Doña Isaura a de nouveau déclaré que les réactions ne sont pas toujours les mêmes, bien que les actions entraînent toujours une réaction.

Raimundo a donné une leçon intéressante sur la façon dont la réaction se produit. Quand nous faisons le mal, l'erreur est enregistrée en nous. C'est comme mettre votre main sur un métal chaud, et la douleur viendra comme une réaction soit instantanément, après des mois ou des siècles. Mais nous pouvons, dans l'intervalle entre l'acte et la réaction, couper cet effet ou l'atténuer avec le véritable amour, avec un travail désintéressé dans la bonté et le changement interne.

Nous avons vu des films sur des pays où beaucoup meurent de faim, que ce soit à cause de la sécheresse ou de la guerre. Nous avons vu la réaction de nombreuses personnes, dans des groupes similaires, qui ont besoin de cet apprentissage douloureux pour valoriser les événements simples, la fraternité et l'honnêteté. Beaucoup de gens ont ressenti l'effet de l'action néfaste de faire l'utilisation abusive de l'argent public. Celui qui a utilisé la guerre pour faire le mal, pour accumuler des fortunes.

Nous avons également observé des gens qui ont fait beaucoup d'erreurs et marqué leur périsprit avec tant de fluides négatifs que, en plus d'aller par affinité au Seuil et d'y souffrir pendant des années, lorsqu'elles se réincarnent, elles passent ces fluides comme des maladies, afin de se purifier.

Toutes les souffrances ne sont pas dues à une réaction négative ; parfois, sans profiter des leçons de l'amour pour progresser, la douleur nous oblige à marcher.

Parce que c'est par la douleur, presque toujours, que nous cherchons Dieu, une religion, un changement interne, et échangeons des vices pour des vertus.

La classe théorique était très utile.

10.– Action et Réaction

Nous n'avions pas beaucoup de travail dans la classe pratique ; nous avons tout fait avec peu d'aide.

Mme Isaura a expliqué :

– J'ai quelques dossiers de personnes incarnées ici que je vais prendre à la croûte. Nous allons les examiner et, à partir de leurs dossiers, nous saurons quelle action a causé la réaction actuelle. Je précise qu'il n'y a rien par curiosité, cela est fait pour qu'ils puissent apprendre à partir d'exemples réels.

Nous sommes arrivés sur Terre dans un aérobus, le laissant à un Poste de Secours. Ensemble, nous sommes allés voir les gens que nous allions étudier.

On a vu un homme dans la quarantaine. Il était joyeux, il avait un handicap mental, il parlait en se sentant très important. Parfois, il marchait avec son cheval de bois, se voyant au-dessus d'un beau cheval. Il jouait d'un violon jouet et chantait des chansons que personne ne comprenait. Il marchait dans les rues, et certaines personnes l'aidaient, d'autres le contredisaient pour le plaisir, le rendant nerveux. Parfois, il poursuivait les gens qui l'embêtaient. Il souffrait d'épilepsie, qui, avec les attaques, l'a fait tomber et se battre, le laissant blessé.

– Ce frère, dit Mme Isaura, était déjà obsédé. Au cours des années, les Esprits qui l'accompagnaient ont fini par renoncer à la vengeance. Tout ce que vous ressentez est le reflet des erreurs du passé. Dans cette incarnation, il est bien soigné par la mère, qui souffre également de maladies. Ils sont très pauvres, ils vivent beaucoup de besoins. Dans son existence précédente, il était un seigneur des esclaves dans cette région. Il était marié et son ex-femme est maintenant sa mère. Ils étaient fiers et ont commis beaucoup de maux. Pour maintenir le luxe, ils ont laissé les esclaves avec presque pas de vêtements et peu de nourriture. S'il avait l'habitude de monter des beaux chevaux, il monte maintenant son cheval de bois. Il avait l'habitude d'aller aux soirées, où il jouait et chantait, alors que ses esclaves gémissaient de souffrance, maintenant il est ridiculisé alors qu'il danse et chante dans les rues. Mais il souffre, son Esprit fier apprend dans un corps pauvre, sans santé, souffrant d'attaques qui le laissent couché dans la rue.

Nous avons donné des laissez-passer à lui et à sa mère. Cette dame dans cette incarnation souffre avec humilité. Nous prions pour eux.

Nous avons vu un homme muet, également avec handicapé mental, qui déambulait dans les rues de la ville. Je ressentais la réaction d'une vie antérieure de calomnie et d'intrigante. Désincarné, il a eu le remords destructeur qui a endommagé ses cordes vocales et le cerveau physique. Il a abusé de l'intelligence pour nuire à beaucoup de gens. Il était agité, il avait des douleurs abdominales et nous avons fait un cercle de prière, il s'est calmé, il a été ému et il a pleuré. Frederico nous a expliqué :

– Sentez les émanations de l'affection, parce que vous avez bien reçu nos fluides. Que vos souffrances soient l'apprentissage dont vous avez besoin. Laissez-le apprendre pour qu'il ne fasse plus d'erreurs.

On a vu un infirme dans un fauteuil roulant. Ce frère se rebellait, et la révolte qu'il ressentait générait des nuages sombres autour de lui. Il était de mauvaise humeur et envieux. Nous avons dispersé les nuages sombres avec des laissez-passer et avons essayé de lui donner des pensées optimistes. Les nuages ont disparu, mais nous savions qu'il allait bientôt les recréer. On a vu son passé.

Dans son existence précédente, il avait été marié à une riche veuve qui avait un fils. Sa femme avait un frère célibataire, qui allait laisser sa fortune au neveu qui était le meilleur pion. Le couple avait plus d'enfants, et il voulait que la fortune de son beau-frère soit pour l'un de ses fils et non pour son beau-fils, comme c'était le cas. Il a planifié un accident. Quand il a entendu que son beau-fils montait un cheval courageux, il a coupé le harnais et regardé. L'animal a renversé le jeune homme, qui est resté inconscient. Voyant qu'il n'avait rien souffert, il prit un bâton et lui a brisé les deux jambes. À ce moment-là, il n'y avait pas de ressources disponibles qu'il y a aujourd'hui, et la médecine ne pouvait pas sauver ses jambes. Il était paralysé et ne pouvait plus monter à cheval. Un de ses fils a fini par avoir la fortune. Et maintenant, dans cette incarnation, alors qu'il était enfant, il a eu un accident et ses jambes ont été amputées, le laissant dans cette chaise.

— Dans la révolte, sauveriez-vous votre karma ? – Ivo voulait savoir.

Celui qui se rebelle ne prend pas la souffrance comme une précieuse leçon. Parfois, il souffre plus, mais il sauve. La différence entre la bonne souffrance et la mauvaise souffrance est l'acceptation et la compréhension de la souffrance. En acceptant la souffrance, quand il se désincarne, il est rapidement aidé ; en se désincarnant avec dégoût, il n'aura pas l'aide, il continuera à souffrir jusqu'à ce qu'il devienne humble – répondit Frederico –. La révolte est mauvaise pour lui-même. Cela rend une personne désagréable, une personne que les autres n'aiment pas avoir dans leur vie. C'est amer et tu souffres plus.

On a vu un couple aveugle. Être aveugle n'est pas facile, ferme les yeux et imagine qu'on sera comme ça pendant longtemps. Chacun d'eux a eu des actions différentes pour souffrir cette réaction. Elle, par jalousie, avait aveuglé quelqu'un. Dans son existence précédente, elle a ordonné à deux acolytes de séquestrer une jeune rivale, de lui mettre du poison dans les yeux et de la lâcher dans les bois. La jeune femme avait presque tous ses problèmes de vision. Lorsque le cerveau du crime s'est désincarné, elle a ressenti des remords qui l'ont rendue aveugle ; elle s'est réincarnée et a apporté des yeux sans vie au monde matériel.

Il est aveugle et intelligent, c'est un Esprit qui veut évoluer. Lorsqu'il se souvient de son passé, de ses existences antérieures, désincarné, il voit qu'il y a longtemps, il était un général qui avait aveuglé ceux qui avaient été vaincus. Cela l'a tellement choqué qu'il a voulu revenir aveugle à cette incarnation, afin de ne plus ressentir de remords. Ils travaillent tous les deux pour gagner leur vie, et il la soutient avec optimisme et foi.

– Ne pourrait-il pas s'occuper des aveugles, les aider, au lieu de se réincarner en aveugle ? – Luíza demandé.

– C'était son choix – a répondit Raimundo –. Nous avons le libre arbitre. Peut-être qu'il avait peur d'échouer. On peut, désincarné, faire des plans pour aider les aveugles. Ici, incarné, il a beaucoup changé, parce que les illusions de la matière nous font presque toujours oublier les buts. Beaucoup échouent. Désincarnés, ils font de nombreux plans, mais la plupart retournent au plan spirituel fendillé.

Quand nous avons vu ces gens, nous leur avons donné des laissez-passer, les encourageant, les faisant se sentir mieux. Nous sommes allés visiter une école pour handicapés mentaux. Il y avait beaucoup d'enfants là-bas. Trois d'entre eux étaient obsédés. Tout d'abord, nous les avons entourés et sommes devenus visibles par les obsesseurs. Doucement, nous essayons de les convaincre de se joindre à nous, laissant leurs victimes. Deux Esprits qui étaient avec une fille nous écoutait attentivement, et avec soulagement, nous avons entendu dire qu'ils allaient avec nous, car ils étaient fatigués de la souffrance et de la vengeance ne les intéressaient plus. Nous les avons emmenés au Poste d'un Centre Spirite où, lors de la prochaine réunion, ils seraient endoctrinés et emmenés dans une école de la Colonie. Dans le deuxième cas, l'obsesseur nous a regardés avec méfiance, a peu parlé, a promis de réfléchir à nos propositions et a quitté le lieu. Il y avait un enfant obsédé qui était influencé par deux Esprits. Tous les trois étaient étroitement liés. Les obsesseurs nous écoutaient de manière confuse, sans nous comprendre.

Raimundo a dit :

– Nous ne pouvons rien faire pour l'instant, mais cet endroit est toujours visité par les sauveteurs, qui porteront une attention particulière à ces trois, qui par des erreurs communes sont entrelacés dans la haine. En l'état actuel des choses, si l'on retire un des désincarnés, l'enfant risque de se désincarner. Elle est une novice à l'école, je pense que les sauveteurs pourront bientôt guider ces désincarnés et les emmener à un Poste.

Il existe de nombreuses mauvaises actions qui amènent les Esprits à se réincarner avec des déficiences mentales. Il est rare, mais il y a un Esprit qui, en raison d'un certain objectif, se réincarne déficient sans réaction négative Il y avait des Esprits qui abusaient de l'intelligence. D'autres ont endommagé le cerveau avec de la drogue et de l'alcool. D'autres se sont suicidés. Certains pratiquaient tant d'erreurs et les remords destructeurs leur ont fait déformer le cerveau périsprital, apportant cette déformation au corps une fois réincarné.

Nous avons approché un enfant avec un handicap très grave.

Il avait été riche, le fils aîné, et avait une sœur. Il était adolescent quand son père est décédé, laissant sa mère jeune et très belle. Il avait dix-sept ans quand sa mère s'est intéressée à un autre homme. Elle a commencé à suivre sa mère et l'a entendue parler avec son petit ami. Il a découvert qu'ils allaient se marier et qu'elle était enceinte. Parce qu'il ne voulait pas que sa mère se marie et ait encore plus d'enfants pour partager l'héritage, il a planifié le crime, a tué sa mère avec un couteau, et a fait accuser un ancien esclave qui travaillait à la ferme. À ce moment-là, l'abolition avait déjà eu lieu. Feignant la douleur et l'indignation, sans attendre un procès, il fait mettre le noir sur le tronc et le fait fouetter à mort. Il a également laissé entendre que sa mère était l'amante d'un homme noir. Puis le noir s'est désincarné dans le tronc sans problème majeur pour lui. Son grand-père a été son tuteur jusqu'à sa majorité. Quand il a grandi, il a commencé à protéger sa jeune sœur. Il était travailleur, intelligent et il a multiplié les biens. Ne voulant pas que sa sœur se marie, depuis qu'elle était jeune, il a commencé à lui donner des substances toxiques, sans qu'elle s'en aperçoive, la faisant passer pour folle et malade. La sœur désincarnée jeune et a commencé à l'obséder. Il s'est marié, a eu des enfants, a été respecté, mais a fini par consommer de la drogue, dans une tentative d'atténuer les remords il s'est désincarné dans un état terrible. La sœur l'a poursuivi pendant des années. Puis le remords destructeur a endommagé son cerveau, qui était en parfait état. Il s'est réincarné comme vous le voyez maintenant, en concentrant dans son corps les fluides négatifs qu'il a créés.

Nous regardons les handicapés avec un amour et une affection profonde. Leurs sourires simples, leurs formes fragiles nous donnent envie de les embrasser. Nous l'avons fait, nous leur avons donné de la joie. Rien n'est éternel et la réaction n'est pas non plus infinie.

Tout se renouvelle, le temps passe, la désincarnation arrive, et ils, aidés et guidés, ont un nouveau commencement. J'avoue que j'ai eu pitié de tous. Seuls les imprudents pensent que rien n'a de retour. Voir les gens souffrir les réactions, les effets, c'est triste. Si les incarnés savaient que personne ne fait rien sans retour et que nous n'annulons ces effets qu'avec beaucoup d'amour et de renouveau, ils ne commettraient pas autant d'erreurs.

Après avoir passé des heures avec eux, la visite s'est terminée et nous sommes retournés à la Colonie. À la fin de la classe, Raimundo a répondu à de nombreuses questions.

— Pouvez-vous demander à quelqu'un de se réincarner en aveugle, sourd ou handicapé ? — a demandé Luiza.

— Oui, vous pouvez. Le Département des Réincarnations étudie chaque cas. Le demandeur reçoit une orientation et, s'il le souhaite, les instructeurs vérifient si ce sera bon pour lui ou non. Seulement après une étude favorable, il peut être réincarné avec un handicap, car la plupart des déficiences sont celles que nous créons nous-mêmes à cause de nos erreurs.

— Peut-on vouloir être déficient pour grandir spirituellement, pour progresser ? — Ivo a demandé.

— Oui. Parfois, un Esprit pense que ce n'est que de cette manière, déficient en matière, qu'il s'éveillera pour progresser. Mais je vous rappelle que le handicap est une souffrance qui ne fera que ce n'est bon que pour vous. Progresser dans le travail pour le bien de la transformation intérieure est beaucoup plus précieux Mais il y a des gens qui associent le handicap avec la transformation intérieure et ils la vivent très bien. Habituellement, lorsque cela se produit, ils peuvent inspirer beaucoup avec leur exemple.

– Que se passe-t-il si quelqu'un, qui souffre beaucoup de la réaction de ses mauvaises actions, se suicide ? – Marcela a demandé.

– En plus de ne pas payer pour votre karma négatif, votre situation sera également aggravée. Quand il se suicide, il se retrouvera dans une situation encore plus douloureuse et ne pourra pas résoudre ses problèmes.

– Je sais – dit Murilo –, un homme médium qui laisse toujours son travail pour plus tard, son travail pour le bien, son travail avec sa médiumnité. Il dit que le temps n'est pas encore venu de travailler, de suivre la Doctrine Spirite. Il a un karma négatif qu'il doit annuler. Que va-t-il lui arriver ?

– Nous ne devons pas reporter à plus tard ce qui peut et doit être fait aujourd'hui, maintenant. S'il doit annuler son karma et qu'il ne le fait pas, s'il perd l'occasion d'aimer, il ne restera que la douleur. Il ne suffit pas de faire des promesses, il faut les concrétiser. Je ne peux pas dire ce qui va lui arriver ; peut-être, s'il continue à refuser de travailler avec la médiumnité, la douleur sage sera une réaction.

– Nous avons vu une personne avec un handicap mental qui se souvient de son passé et de ses erreurs. Les autres ne s'en souviennent pas, pourquoi ? – J'ai demandé.

– Comme nous l'avons vu, chaque cas est différent. Rien ne peut être pris sur le Plan Spirituel en règle générale.

Cet Esprit a tellement fixé ses erreurs dans sa tête que même avec la réincarnation, il ne pouvait pas oublier.

– Qu'est-ce qui lui arrivera – Je voulais savoir.

– Il sera bientôt désincarné, sera soigné et admis dans un hôpital, dans un service pour frères handicapés mentaux, et son rétablissement dépendra de lui. Puis, comme c'est toujours le cas avec ces frères, mais ce n'est pas une règle, je le répète, il se réincarnera à nouveau et là il oubliera tout.

– Vit-il les deux existences ? – Mauro a demandé.

– Non, il vit ce qu'il est aujourd'hui, mais sa tête confuse se souvient de son incarnation passée, ce qui aggrave encore son handicap. Il a l'idée fixée sur le passé.

– Est-il vrai que les handicapés mentaux sont toujours aidés, lorsqu'ils sont désincarnés, par une équipe spéciale ? – James a demandé

– Oui, c'est vrai. Ils sont séparés, sauvés dans leurs propres salles hospitalières dans les Colonies où ils se rétablissent.

– La souffrance est-elle toujours des réactions ? – Gloria a demandé

– Comme je l'ai dit, non. Lorsque nous nous arrêtons, sans vouloir progresser, la douleur peut nous inciter à progresser. Il y a de nombreux moments où la souffrance nous ramène au Père Aimant, à une religion, à un changement interne.

Ce sujet fascinant est arrivé à sa fin ; j'ai eu quelques heures de libre. Je suis allé rendre visite à grand-mère et à des amis. Lenita m'attendait à l'école, nous nous sommes embrassés avec amour ; elle est allée avec moi chez grand-mère. C'est bon de voir des amis. Grand-mère et ses amis m'ont accueilli avec joie. Nous avons parlé avec enthousiasme. Je suis aussi allé voir mes violettes, elles étaient belles et fleuries. Comme il est bon d'être aimé de cette façon, d'être rappelé affectueusement par les êtres chers, et de recevoir des encouragements de leur part. Nous étions liés par un amour véritable, sans égoïsme. Les violettes étaient le symbole de cette affection. J'ai embrassé ses fleurs colorées et j'ai envoyé une pensée de gratitude à ma mère.

J'ai parlé avec enthousiasme sur le cours, je leur ai donné des détails. Grand-mère a commenté :

– Ah ! Patricia, si tout le monde était comme toi, si tous les désincarnés penserait et agirait comme vous !

– La Terre serait une planète de régénération – dis-je en blaguant. J'ai passé de bons moments avec des amis.

11.- La folie

Impressionnant et vraiment fascinant est le cerveau humain, la résidence centrale de l'âme ; dossier de notre passé, lieu de naissance de toute la créativité humaine, le siège de tout bonheur et de toute joie, quand il n'y a pas de conflits.

Mais la plupart d'entre nous ne font que nuire à la capacité mentale à travers la distorsion des forces et des énergies que nous recevons de la bonté divine. C'est un fait commun, qui attire à peine notre attention et, quand nous voyons ce qui arrive à nos frères, nous cherchons les causes de ce malheur et de cette douleur dans des agents extérieurs, tels que les anomalies physiques, comme des anomalies physiques, ou dans l'ignorance de nos frères obsédés. On ne s'arrête presque pas à penser que le voyage de la nature cosmique est vers le perfectionnement de toutes ses manifestations, y compris l'homme. Mais l'homme ne regarde presque jamais vers l'intérieur et reconnaît que c'est en lui-même que réside la source de ses propres maux et malheurs. En méditant sur ces faits, j'ai commencé la classe théorique dans laquelle nous étudions le cerveau humain. Nous avons vu que le cerveau physique est identique au cerveau périsprital. Dans une classe difficile, nous étudions les parties du cerveau et leurs noms respectifs. Nous avons créé un cerveau « plastique » pour avoir une idée réelle de la façon dont il se forme. Le cerveau humain est impressionnant et merveilleux. Nous avons appris les noms compliqués des maladies qui l'affectent et ses symptômes. Nous avons vu des films sur la maladie mentale et aussi sur les malades. Nous avons étudié et vu la folie sans obsession. Nous étudierons plus tard pourquoi l'obsession est la cause de nombreuses maladies et folies. La maladie mentale est presque toute d'origine spirituelle. Ils sont liés à un passé plein d'erreurs. Beaucoup de patients se souviennent totalement ou partiellement, de façon confuse, de leurs existences antérieures et perturbent leur cerveau, ce qui les prédispose à tomber malade en raison des nombreux maux qu'ils ont commis, ne parviennent pas à s'équilibrer. Les souvenirs du passé ne nuisent pas aux personnes équilibrées qui ont déjà payé leurs dettes ou le karma négatif.

Nous avons eu une classe intéressante où nous avons appris à nous concentrer sur d'autres têtes et à savoir ce qu'ils pensent ou ce qui se passe. Nous apprenons pour aider. Nous ne pouvons lire la tête qu'avec la permission de la personne que nous enquêtons, ou lorsqu'elle a un grand besoin d'aide. La tête perturbée est facile à lire, parce que ses pensées sont fixées sur un certain sujet. Bien sûr, ce n'est qu'avec ces cours que nous n'irions pas lire des pensées. Mais c'était un début. Pour développer parfaitement ce processus, il faut du temps et la pratique est nécessaire. Cette étude ne servirait qu'à lire les pensées des patients et à les aider. Nous devons nous concentrer sur la tête de l'autre, et ce qu'il pense nous vient à la tête. Au début, nous lisons de façon incertaine, juste des morceaux, puis avec la formation, nous nous améliorons. De désincarné à désincarné, c'est plus facile. Puis j'ai appris à lire dans les têtes des incarnés. Mais je ne fais ça que pour l'aide, jamais par curiosité. Donc, comme je l'ai dit, la tête perturbée est plus facile. Dans les cas de patients mentaux, les pensées sont toujours très confuses.

Dans la classe de pratique, nous sommes allés à l'hôpital de la Colonie. Les patients perturbés restent à l'hôpital dans des salles séparées.

À l'intérieur de ces salles ils sont encore isolés, en fonction de leur état. Les sauvés, bien sûr, n'étaient pas obsédés, mais beaucoup l'avaient été lorsqu'ils étaient incarnés.

Nous avons d'abord rendu visite à ceux qui étaient en récupération. L'infirmerie est grande, a de nombreuses fenêtres, lits, chaises, quelques tables avec des fleurs, des peintures sur le mur et des rideaux sur les fenêtres. C'était une infirmerie féminine. Les patients portent des vêtements blancs, des robes ou des ensembles de pantalons longs et de chemises.

La première impression est qu'ils vont bien, ils n'ont pas de douleur, mais dans certains, les yeux sont un peu immobiles, dans d'autres, agités. Certains parlent beaucoup, d'autres sont calmes. Ils nous ont bien accueillis, ils aiment parler et parler de leurs problèmes. Nous recevons des conseils et la permission d'essayer de mettre en pratique ce que nous apprenons sur la lecture de la tête.

Nous y sommes allés pour parler aux patients, essayer de les aider avec des conseils, leur donner des laissez-passer et les inviter à prier avec nous.

Je suis allé parler à une jeune femme qui semblait avoir quinze ans, mais qui avait vingt-trois ans.

– Voulez-vous vraiment m'écouter ? – elle m'a demandé –. Je peux te raconter ma vie ?

Bien sûr que vous le pouvez. Dites ce que vous voulez – ai-je répondu.

– J'étais une bonne fille, ou tout le monde pensait que j'étais. Honnête et travailleuse, j'ai aidé ma mère, une veuve, à coudre pour les clients. J'étais un peu étrange, maniaque, mais rien de grave. J'avais vingt-deux ans, je n'ai pas trouvé de petit ami et je me suis retrouvée amoureuse d'un homme marié, nous avons commencé à nous rencontrer en secret. Je suis tombée enceinte Il ne voulait rien avoir avec moi ; il a organisé et payé l'avortement. Par crainte de commentaires malveillants et de ma mère, j'ai avorté. Personne ne le savait, mais après cette action, je suis tombée malade. Je suis devenue fou et j'ai été admis dans un sanatorium, où je me suis désincarnée après un traitement par électrochocs. J'ai beaucoup souffert, j'ai été persécutée par un Esprit ennemi d'une autre existence. Cet Esprit, essayant de se réconcilier, allait naître comme mon fils et je l'ai avorté. Elle ne m'a pas pardonné, la haine est devenue plus intense et m'a poursuivi jusqu'au Seuil. Après un certain temps, j'ai été sauvée. Je vais bien maintenant.

En l'observant, j'ai vu qu'elle était un esprit endetté qui, dans sa précédente incarnation, avait commis de nombreuses erreurs, et quand elle s'est désincarnée, elle a beaucoup souffert dans le Seuil et a fini perturbé. Elle s'est soumise à un traitement et a été réincarnée. Dans la vie physique, après une nouvelle erreur avec l'avortement, son cerveau a perdu l'harmonie et l'obsesseur a réussi à la rendre malade. Si elle ne se trompait pas dans celui-ci, elle ne serait plus malade. Ainsi, nous avons vu des cas où les obsesseurs attendent une opportunité, comme de nouvelles erreurs et des déséquilibres sentimentaux, une douleur comme la désincarnation des proches, qui diminue les vibrations, afin d'agir.

Ces patients aiment tellement l'attention qu'ils veulent parfois tout nous raconter à nouveau, ils veulent que nous restions proches et que nous leur prêtions attention. La fille a attrapé ma main.

– Laissez-moi être plus proche de vous, je me sens bien ! Permets-moi ! À ce moment-là, personne n'était au lit. Isabel, elle s'appelle, et j'étais assis sur les chaises près de son lit. Certains de mes collègues et certains patients sont sortis dans la cour devant l'infirmerie, qui a de nombreuses zones fleuries. Je me sentais désolé pour elle et l'ai invitée à venir avec moi pour parler à une dame qui nous regardait en souriant depuis longtemps. Nous y sommes allés, Isabel était silencieuse, elle écoutait, mais elle ne voulait pas lâcher ma main. Après les salutations, la dame a commencé à parler :

– Fille, je suis malade, mais je ne suis pas folle comme on dit. C'est curieux, ici on ne me traite pas de fou, mais à l'autre endroit, oui (elle faisait référence à la période d'incarnation). Je suis une baronne, je parle, je parle et personne ne croit. J'ai une grande, belle maison, des employés et des esclaves, mais je vis dans cette maison laide, avec des gens qui disent qu'ils sont mes parents.

J'ai de beaux vêtements et je m'habille comme ça, avec les laids. Je ne sais même plus qui je suis. Suis-je Marie ou Carmela ? Quelle confusion ? Qui pensez-vous que je sois ? (Elle a parlé, mais ne s'attendait pas à une réponse.) Je suis les deux, ou aucun des deux. Ils disent que j'étais Carmela, que je suis morte ou désincarnée et que je suis née ou réincarnée en Marie. Mais elles sont toutes une seule. Pourquoi suis-je deux ?

Je voulais être Carmela, qui s'habillait bien, mangeait bien, était belle et riche.

– N'avez-vous pas aimé le noir ? – J'ai demandé –. Marie est noire.

– Non, je suis terrifiée, ils sont sales et stupides. Mais je suis noire, vous ne voyez pas ? Je ne l'étais pas, mais je suis restée comme ça.

J'ai essayé d'expliquer que, dans l'existence précédente, c'était Carmela, et que son corps était mort, puis elle a été réincarnée comme Marie.

Elle a répété son histoire à nouveau. Je lui ai donné un laissez-passer et elle s'est calmée. Il y avait un cas de souvenir hors du temps, comme un fruit vert. Peut-être s'est-elle souvenue par l'action d'un obsesseur, voulant l'ennuyer. Ou elle-même, fascinée par l'incarnation comme Carmela, n'a pas oublié, et les souvenirs l'ont confondue quand elle est revenue comme Marie, dans une incarnation qu'elle n'aimait pas et qu'elle a rejeté, parce qu'elle était pauvre, laide et noire, une race qu'elle détestait.

Nous allions dans une autre salle. Isabel m'a laissé en pleurant et voulait que je lui promette que je la reverrais. Je lui ai dit que je ferais de mon mieux. J'avais peu de temps libre et j'avais besoin d'organiser mon temps libre avec les visites. Quand j'ai fini mon cours, je suis allé la revoir. Elle allait déjà beaucoup mieux. Elle a souri quand elle m'a vu, on a beaucoup parlé. Elle voulait se réincarner, elle avait demandé, mais les instructeurs ont dit qu'elle devait rester sur le Plan Spirituel plus longtemps. Elle a été invitée à étudier. Je l'ai encouragée, Isabel est analphabète. J'ai parlé de l'école avec affection, elle était enthousiaste. Là, elle apprenait l'Évangile, la morale chrétienne, ce qui lui ferait beaucoup de bien.

Ces salles que nous avons vues sont des patients qui, incarnés, avaient des anomalies mentales. Sur le Plan Spirituel, il y a de nombreuses salles de malades qui, incarnées, étaient en bonne santé et, lorsqu'elles se sont désincarnées, ont été perturbées par la souffrance ou le remords.

Nous sommes allés dans une salle pour hommes. Quand nous sommes entrés, un monsieur m'a regardé et m'a dit :

– Et vous !

J'ai eu peur et Frederico est allé vers lui. Elle quoi ? Elle est jolie !

Zé m'a dit à voix basse :

– Ça là, Patricia, tu es un succès par ici !

Frederico parlait avec lui, qui, pendant que nous étions là, me regardait beaucoup.

Un autre fait intéressant s'est produit dans cette salle. Un patient a confondu Nair avec une autre personne qui était son amie. Il lui a pris la main et ne l'a pas lâchée. Frederico et Raimundo ont dû le prosterner avec une passe pour lâcher sa main.

Je suis allé parler à un vieil homme. Après les salutations, il a commencé à parler :

– J'étais un chasseur, je vivais près d'une petite forêt. Je tire bien. Un jour, par accident, j'ai tué un autre chasseur. Craignant les conséquences, je lui ai mis l'arme dans la main comme s'il s'était tiré une balle. Cela a fonctionné et le fait a été attribué comme un accident ou un suicide. Après quelques années, ma fille a voulu épouser un mauvais garçon, clochard et cynique. Sans que personne ne le sache, j'ai organisé une chasse avec lui, en disant que c'était pour parler tranquillement. Je lui ai tiré et je l'ai fait comme la dernière fois. L'accident était suspect, mais comme il n'y avait pas de preuves, tout était là. Mais cet Esprit m'a hanté jusqu'à ce que j'étais dérangé. Ma famille a dit que j'étais sénile. Je me suis désincarné et j'ai beaucoup souffert. Je suis à l'hôpital depuis longtemps.

Il a fini de parler, a baissé la tête et était triste, je l'ai encouragé ; puis il m'a souri.

– Qu'il est bon d'avoir la conscience tranquille !

Je suis allé parler à un autre monsieur qui, peu de temps après avoir parlé un peu, a raconté son histoire :

– Dans l'incarnation avant cela, je suis allé à la guerre, j'ai tué beaucoup d'hommes et j'ai commis beaucoup de maux avec les prisonniers. J'étais dans un autre pays, j'étais pauvre et très travailleur. Mais certains ennemis m'ont trouvé et attendaient une opportunité : si je faisais une erreur ou si je baissais ma vibration, ils m'obséderaient. Je suis tombé amoureux d'une fille riche dont je ne savais même pas qu'elle existait. Je me suis encouragé et lui ai avoué mon amour, mais elle s'est moquée de moi. J'ai bu du poison, mais je ne suis pas mort, j'étais sans voix. Après un certain temps, ma mère est décédée. Puis je l'ai regretté et cela m'a dérangé.

J'ai fini par être l'idiot muet. J'ai vécu comme ça pendant des années, seul dans une petite maison, à mendier. Finalement, les obsesseurs sont partis, je sais que c'est ma mère qui leur a fait me pardonner. Je me suis désincarné et j'ai été sauvé, car j'ai souffert avec résignation pendant de nombreuses années. Je ne suis ici que récemment. J'ai encore des « idées » confuses. Parfois, je me souviens de la guerre et je crie. Mais, Dieu merci, je vais mieux, et c'est vraiment bien de pouvoir à nouveau parler.

Il s'est endormi quand il a reçu le laissez-passer.

Nous sommes allés voir ceux qui dormaient dans des cauchemars. Nous formons des équipes de cinq pour donner des laissez-passer à chacun d'eux. Pendant que nous priions, nous voyions parfois leurs cauchemars.

Une femme a manqué son obsesseurs auquel elle était liée par la haine et la passion. Elle l'aimait et l'appelait encore et encore. Une infirmière nous a dit que l'Esprit qui l'obsédait était sur le Seuil, qu'elle ne voulait pas d'aide.

– Avez-vous envie de l'appeler ? – Laís a demandé à l'infirmière.

– Non, la distance est grande et les vibrations sont très différentes. Nous lisons les cauchemars d'un homme qui avait le vice du sexe et qui, pour se satisfaire, a tué deux enfants.

Nous avons aussi vu une dame qui a noyé un enfant, une fillette de deux ans, pour se venger de sa patronne.

Personne ne le savait et ils l'ont donné par accident. Mais un jour, le remords est venu et elle a commencé à beaucoup souffrir.

C'est très triste à voir. Les erreurs, les remords et la souffrance peuvent perturber quelqu'un et, quand ils sont incarnés, ils peuvent avoir une des maladies mentales comme réaction...

Nous sommes venus sur Terre pendant quelques heures et sommes allés visiter un sanatorium. Cette fois, nous sommes venus juste pour voir des cas de folie sans obsession. Nos visites aident les malades : nous faisons des cercles de prière et donnons des laissez-passer. Ces patients manifestent presque toujours leurs maladies quand ils font des erreurs ; ils ressentent plus de douleur, doivent faire face à des responsabilités ou sont accueillis par des événements désagréables. Nous avons vu dans ces incarnés les maladies qu'ils avaient et leurs symptômes.

Nous n'avons pas eu beaucoup à discuter dans la classe finale. Seul Luis a demandé :

– Les maladies mentales sont-elles héréditaires ?

– L'héritage peut donner aux individus des tendances physiques. Mais, presque toujours, ils sont réincarnés avec des Esprits similaires et aussi souvent que ceux qui participent ensemble aux erreurs Il se peut qu'ils aient fait des erreurs ensemble et se soient donc réincarnés ensemble. Lorsque l'Esprit est équilibré, le cerveau physique l'est également.

Ce thème était bon pour nous tous.

12.- Obsession

Vivre en paix avec soi-même est une source éternelle de joie et de bonheur. Mais, lorsque le travail de récupération des obsesseurs et des obsédés m'a été personnellement présenté, j'ai ressenti une tristesse si profonde qu'elle a semblé briser tout mon être, lorsque j'ai vu l'état lamentable dans lequel se trouvent les créanciers et les débiteurs, véritables acteurs qui représentent la haine, se détruire les uns les autres. L'influence négative exercée par ces frères, même fixée sur l'égoïsme presque absolu, était honteuse et même douloureuse.

La tâche de les aider est difficile, elle est exigeante pour les Esprits qui s'engagent dans cette mission avec dévouement et patience si grande que nous venons à voir dans cette attitude le reflet de l'amour divin, l'amour sans frontières, vainqueur du temps et de l'espace, à la recherche de la récupération de leurs enfants. Le Père n'abandonne pas ses enfants et il les aide à travers ses propres enfants, en impliquant chacun dans son grand amour, en espérant, pour l'éternité, que nous reviendrons à la culture de la fraternité.

Rien de mieux que les leçons d'Allan Kardec pour nous apprendre ce qu'est l'obsession. C'est l'action persistante d'un Esprit sur une personne. Il a des caractéristiques différentes, de la simple influence d'un ordre moral à la perturbation totale de l'organisme et des facultés mentales. Les pires obsessions sont celles de l'action vindicative. Normalement, l'obsesseur et l'obsédé étaient liés dans des existences antérieures. L'obsession, la subjugation et la possession conduisent beaucoup à la folie. Habituellement, l'obsesseur essaie de donner à la personne obsédée une idée fixe. Parfois, il lui rappelle une partie de l'existence précédente, ce qui le rend confus. Presque toujours, il se produit entre incarné et désincarnés, ou seulement désincarnés, où il y a des luttes et des échanges d 'offenses, puisque la haine et la passion les unissent.

Dans notre classe pratique, nous sommes venus sur Terre, comme nous l'avions vu à l'hôpital de la Colonie, ex-obsédés, désincarnés, qui étaient obsédés quand ils étaient incarnés. Comme toujours, nous sommes arrivés dans un aérobus, nous nous sommes arrêtés à un Poste de Secours sur Terre, et sommes sortis pour voir quelques cas d'obsession. Le premier que nous avons analysé était d'une simple influence mentale. Comme le cas d'un désincarné qui ne savait pas qu'il s'était déjà désincarné et qui se trouvait à proximité, « couché » sur une incarnée, un enfant, vampirisant ses énergies, ou plutôt, échangeant des énergies. Elle a commencé à expérimenter des symptômes de la maladie, de l'inconfort ressenti par le désincarné. La jeune fille avait son père, désincarné, près d'elle. Elle a ressenti une douleur et une tristesse qui ont commencé à affecter son physique. Nous avons essayé de sentir la mère pour la faire que prenne les laissez-passer. C'était un soulagement pour nous quand elle a décidé d'aller à un Centre Spirite. En prenant le laissez-passer, l'Esprit aussi reçoit et se sent mieux. Le père désincarné a été invité à rester au Centre Spirite, pour être endoctriné plus tard, dans la session de désobsession.

Puis, nous avons vu un fanatique religieux incarné, qui avait près de lui un désincarné également fanatique, tous deux étaient en syntonie. Ils discutaient toujours sur la religion. Nous avons vu, nous avons regardé, et nous n'avons rien fait, ils se sont sentis bien comme ça.

Ensuite, nous sommes entrés dans trois bars. Les incarnés buvaient. Et peu de gens n'étaient pas accompagnés par les désincarnés. Là, beaucoup d'Esprits suçaient le souffle de ceux qui buvaient, s'enivrant ensemble. Certains étaient des ivrognes désincarnés, ou qui voulaient boire, restaient près de tout incarné qui buvait. D'autres désincarnés y étaient en constante compagnie. Nous avons vu quelqu'un qui obsédait à un incarné, mais il ne s'est pas saoulé, il voulait que son obsédé boive pour qu'il devienne ridicule, un chiffon humain. Les désincarnés buvaient et fumaient, participant aux conversations des incarné. C'est étrange de voir ivrognes désincarnés. Ils ne diffèrent pas de les incarnés. Ils se battent entre eux, rient, tombent, disent des grossièretés. Certains ressemblent à des animaux et sont pour la plupart sales, avec de gros cheveux et ongles et de la bave. Là, nous n'observons que, sans être vus. Nous n'aidons personne.

– Tous les incarnés ne boivent pas sous l'influence du désincarné ! – a commenté Zé.

– Les groupes syntonisent, incarnés et désincarnés, ils boivent parce qu'ils aiment ça. Ils sont esclaves des vices, jusqu'à ce qu'ils soient libres – a répondit Mme Isaura.

– Ces désincarnés restent-ils comme ça pendant longtemps ? – Luíza a demandé.

– Cela dépend de chacun – a répondu Mme Isaura à nouveau. Certains restent pendant de nombreuses années, d'autres se fatiguent bientôt. Ces Esprits sont des proies faciles pour les Esprits du Seuil, qui en font des esclaves. Mais quand ils veulent mettre fin à leur addiction, ils trouvent toujours de l'aide, qu'ils soient incarnés ou désincarnés.

Ensuite, nous sommes allés voir un groupe prendre de la drogue. Il y avait huit incarnés, seulement deux adultes, et les six jeunes hommes étaient déjà dopés. Je souffrais, j'en ai connu quelques-uns. Nous ne pouvions rien faire non plus.

Le groupe de désincarnés qui se droguaient avec eux était plus grand : vingt, tous perturbés. Ils avaient des figures étranges, sales et malodorantes. Les toxicomanes incarnés ont toujours ceux qui s'occupent d'eux, mais les toxicomanes désincarnés n'en ont pas ; et pour eux, rien d'autre n'a d'importance. Nous avons fait une clôture autour d'eux. Raimundo est devenu visible pour les désincarnés. Il rayonnait une grande lumière, qui les a étourdis un instant. Ils craignaient, ils essayaient de s'échapper, mais n'ont pas réussi.

Raimundo leur a parlé. Il les a invités à une libération, à un traitement.

Ils, après la peur, ils ont écouté tranquillement, mais avec un rire cynique. Quand Raimundo a fini de parler, ils l'ont hué. Aucun d'entre eux n'était intéressé à changer. Nous en avions assez observé et nous sommes partis, laissant tout le monde drogué.

Ensuite, nous sommes allés à un Centre Spirite, qui était dans une session de désobsession. Il y en avait trois obsédés avec leurs compagnons respectifs.

Le premier cas, le plus simple, est celui d'une dame accompagnée de sa sœur, qui ne sait pas qu'elle s'est désincarnée.

Le fait de se désincarner et d'être avec des membres de sa famille est courant, et aussi facile à résoudre, car il suffit au désincarné de comprendre sa condition et d'être aidé.

Il y a des cas où le désincarné retourne, mais généralement le problème est facilement résolu au Centre Spirite.

– Si les obsédés n'étaient pas venus au Centre Spirite, que se passerait-il ? – Teresita a demandé.

– La personne désincarnée finira par comprendre son état, ou par demander de l'aide, ou par partir. Des situations comme celle-ci ne durent généralement pas longtemps, bien qu'elles causent beaucoup d'inconvénients – a répondu Frederico.

Le deuxième cas était celui d'une jeune femme dont l'obsesseur était amoureux, il a été rejeté dans l'existence précédente et c'est pourquoi il l'obsède maintenant. Il ne voulait pas qu'elle soit heureuse ou qu'elle trouve un petit ami. Ce n'était pas un cas difficile à résoudre non plus. Une fois incorporé, il a reçu des conseils et a été emmené à un Poste de Secours pour le traitement. Le troisième cas, le plus difficile, ne serait résolu qu'après le traitement avec des laissez-passer et avec la désobsession visant les deux. Ils sont restés ensemble pendant une longue période, ils étaient si proches qu'ils ne pouvaient pas être séparés sans préparation. Les deux étaient orientés.

Le Centre Spirite est sans aucun doute un Poste de Secours pour les Esprits incarnés et désincarnés, un soutien pour tous ceux qui souffrent. J'aime d'une manière spéciale les Centres Spirite actifs pour le bien et je suis remercié d'avoir connu, lorsque j'étais incarnée, le Spiritisme.

Enfin, nous sommes allés au sanatorium. Nous sommes restés au Poste de Secours, sur le plan spirituel, à côté de l'hôpital matériel.

Le Poste est très agréable, simple, confortable, très moderne et équipé. L'équipe des désincarnés dans cet endroit aide également les malades incarnés. Nous y sommes allés pendant quatre jours. Nous sommes arrivés de nuit et nous sommes allés nous reposer. Le lendemain, nous sommes allés dans la salle et avons prié pour demander au Père de comprendre pour aider avec sagesse.

Beaucoup des internes étaient obsédés. Quand ils arrivent au point de tomber mentalement malade, c'est parce que l'obsession existe depuis longtemps ; et les obsessions de longue date nuisent presque toujours au physique. Les patients ont besoin d'un traitement pour la matière. Nous avons également observé que beaucoup des désincarnés, obsesseurs, étaient également perturbés, également malades. Beaucoup d'obsessions étaient sur la vengeance et dettes.

Nous nous sommes mis au travail. Nous nous divisons en groupes de trois à cinq, pour aider un à la fois. Lorsque ces excursions arrivent dans les hôpitaux et les sanatoriums, les incarnés qui s'occupent des malades toujours commenter : « Quelle paix il y a ici ! Ces jours sont paisibles. »

Nous aidions, ces jours-là, les malades, les infirmières, les médecins, bref, tous ceux qui y travaillent. Mon groupe s'est approché d'une jeune femme noire, elle avait dix-huit ans et à ses côtés, il y avait une fille blanche désincarnée. Les deux, dans le passé, dans l'incarnation précédente, sont tombées amoureuses du même homme. La jeune fille désincarnée s'était suicidée lorsqu'elle a été rejetée. La jeune femme noire dans son autre incarnation n'était pas bonne, elle a fait beaucoup d'erreurs. Elle s'est réincarnée avec le désir de faire le bien, et pour être honnête. Elle est retombée amoureuse de l'amour du passé. L'autre, désincarnée, n'a pas voulu et ne veut pas les voir ensemble, interféré de cette façon, obsédant le rival, qui a fini par être perturbée et admis au sanatorium. Le garçon a épousé quelqu'un d'autre, la désincarnée ne le savait pas.

La jeune femme incarnée parlait tout le temps d'une boule de feu, et quand elle en parlait, la femme désincarnée riait à gorge déployée. À un moment donné, elle a dit que c'était une boule de feu, que le lit était une boule de feu. L'idée fixe du feu a été donnée par la désincarnée, car elle s'est suicidée en allumant du feu dans son corps. Nous avons essayé de parler à la désincarnée, mais ce n'était pas facile. Elle nous écoutait sans bien comprendre, était perturbée et sa pensée n'était que de les séparer. Nous avons fait des cercles de prière, lui avons donné des laissez-passer, et le quatrième jour, nous avons fini par la référer à un Poste de Secours. Elle a été emmenée à l'une des infirmeries, que nous avions visitées, pour les malades mentaux de la Colonie. L'incarnée était également malade, mais avec un traitement approprié, elle serait bientôt bien.

Nous avons vu une dame occuper une chambre payée. Elle appartenait à une famille riche. À côté d'elle, il y avait une femme noire qui l'obsédait. Les incarnés aimaient s'habiller, l'obsédée aussi, les deux ressemblaient être amis. Mais ce n'était qu'une apparence. Quand nous avons essayé de parler à la désincarnée, nous avons vu qu'elle détestait l'autre, mais en même temps elle aimait vivre près d'elle. Elle a écouté en silence notre argument. Je pensais qu'elle partirait avec nous à ce moment-là. Mais elle nous a dit, cyniquement :

– Avez-vous terminé ? Je leur ai déjà prêté beaucoup d'attention. S'il vous plaît, partez. La deuxième fois qu'on lui a parlé, elle nous a écouté avec inquiétude. Quand elle a été invitée à venir avec nous, elle a crié en frappant le sol avec son pied et a dit :

– Ce n'est pas non ! Je n'y vais pas ! Pourquoi voulez-vous que je la laisse partir ? Pourquoi voulez-vous qu'elle se rétablisse ? Savez-vous ce qu'elle m'a fait ? J'étais son esclave, sa préceptrice. Elle était toujours capricieuse et méchante, et juste parce qu'elle pensait que je ne repassais pas ses vêtements correctement, elle me jetait de l'eau chaude sur le visage et le corps. Elle m'a quand même fait travailler toute brûlée. La brûlure a été infectée, j'ai passé des jours entre la vie et la mort. J'ai guéri et j'ai été complètement marqué. C'est elle qui m'a fait ça ! Il a fait beaucoup d'autres maux, non seulement pour moi, mais aussi pour beaucoup d'autres esclaves. C'est pour ça que j'arrête, je n'y vais pas. Je resterai avec elle jusqu'à ce qu'elle se désincarne.

Frederico s'est approché d'elle et l'a regardée, lui a fait voir, s'est souvenu de la raison de cette réaction.

Dans l'existence précédente, elle avait été un contremaître qui marquait les esclaves au fer rouge. Elle s'en est souvenue calmement.

– Je m'en étais déjà souvenu. D'autres comme toi ont essayé de me prendre, m'ont tout montré. Je l'ai fait et j'ai souffert ! Mais celui-ci a fait plus et doit souffrir. Je reste ici !

Raimundo lui a montré sur un écran portable la Colonie dans toute sa beauté. Elle semblait curieuse, puis cynique, a commenté :

– Ce n'est pas pour moi ! – Raimundo nous a dit :

– Cette femme a longtemps obsédé l'autre. L'incarnée était, en fait, tout ce qu'elle a dit. En fait, elle s'est réincarnée dans la même famille. Lorsqu'elle était adolescente, son père s'est suicidé et c'est elle qui l'a trouvé pendu. Elle était perturbée et le désincarné pouvait exercer une obsession marquée. Mais j'ai reçu l'ordre du Département de Commande d'essayer tout et de les séparer.

Raimundo s'approcha de la femme désincarnée, l'a regardée attentivement et des taches comme des boules brûlées sont apparues sur son visage et ses bras. Elle s'est mise à crier :

– Sorcier ! Pas ça ! Ça fait très mal ! Je ne veux pas m'en souvenir ! Enlève-le !

– Seulement si vous venez avec nous – a répondit Raimundo calmement.

– Non !

Nous sommes partis, nous a dit Raimundo.

– Je dois l'emmener par libre arbitre, il serait facile de l'emmener. Mais l'incarné le sentirait beaucoup et pourrait même se désincarner. Si elle venait pour son libre arbitre, bien que je la force pour son propre bien, l'incarnée le sentirait, mais elle ne sera pas blessée.

Raimundo la surveillait de près. Elle se tordait, pleurant de douleur. Elle était tellement attachée à l'incarnée qu'elle s'est agitée, a passé sa main sur son visage et ses bras et a commencé à se plaindre de la douleur. Pendant huit heures, la désincarnée a enduré la douleur. Elle a crié à l'aide. Raimundo est devenu visible pour elle, l'a embrassée fraternellement et lui a enlevé la brûlure.

– Fille – dit Raimundo avec affection – venez avec nous. Venez être heureux ! Vous apprendrez beaucoup de choses, vous vous réincarnerez et oublierez.

– Je le ferai, a-t-elle dit sérieusement.

– Allez dire au revoir à l'incarnée, retirez vos fluides d'elle.

La femme désincarnée s'est approchée de la femme incarnée et l'a embrassée.

– Au revoir ! Je m'en vais ! Je te laisse tranquille. Si je peux, je te reverrai.

Raimundo l'a emmenée à la Colonie. Les douleurs de l'incarnée ont disparu, mais elle ne savait pas pourquoi elle se mettait à pleurer. Le lendemain, elle était triste, nous avons fait tout ce que nous pouvions pour lui remonter le moral. Elle a manqué la désincarnée. Frederico nous a dit :

– Elle n'était pas seulement obsédée. Il a une lésion cérébrale qui a empiré quand elle a vu son père mourir comme ça. Maintenant, sans obsession, elle ira mieux, mais elle ne guérira pas. C'est une conséquence des nombreuses erreurs qu'elle a commises.

Nous avons vu des toxicomanes s'incarner, hospitalisés pour se désintoxiquer et des Esprits à leurs côtés, comme s'ils étaient incarnés pour être traités. Nous avons pris tout ce que nous pouvions dans les hôpitaux des Colonies et au Poste de Secours.

Les quatre jours ont été productifs, nous avons fait beaucoup, nous avons beaucoup aidé, nous avons beaucoup appris. De retour dans la Colonie, nous étions satisfaits. Aider est bon pour nous. La classe de conclusion était magnifique, tous les cas ont été commentés. Marcela soupira en disant cela :

– Comment le pardon sincère n'est pas pratiqué ! Comment l'erreur provoque la souffrance ! Comment nous nous blessons en prenant une action qui a besoin de pardon !

Les questions n'étaient pas nombreuses, parce que tout ce que nous avons vu était bien expliqué. Mais il y a toujours quelque chose à éclaircir. Gloria a demandé :

– Frederico, une bonne personne peut être obsédée par un Esprit qui pense qu'il est blessé, mais en réalité il n'était pas.

– Le désincarné peut essayer de s'approcher, mais si l'autre est bon, les vibrations diffèrent de telle manière qu'il ne peut pas agir. De plus, si l'incarné commence à être perturbé, si l'on est bon, il recevra toujours de l'aide, soit de l'autre incarné, soit du désincarné.

– Et si l'incarné n'est pas si bon, mais qu'il n'a rien fait de mal aux désincarné, même s'il croit qu'il l'a fait, peut-il encore l'obséder ? – Gloria a demandé à nouveau.

– Une obsession sans conséquences majeures n'est parfois pas aussi nuisible que vous le pensez.

Souvent, ces gens cherchent de l'aide dans les centres spirite. Si la personne n'est pas si bonne, elle peut être obsédée. Mais si l'incarné, être innocent, n'acceptera pas. Il a son libre arbitre. Ce qui rend l'Esprit obsédé, c'est que l'incarné accepte qu'il a une conscience lourde.

– La fille de boule de feu sera-t-elle complètement guérie ? – Ilda a demandé.

– Je pense que oui. Souvent, en éliminant l'obsesseur, le corps physique récupère tôt ou du moins la maladie est contrôlée.

– Nous avons vu beaucoup d'obsesseurs perturbés. Qu'est-ce qui va leur arriver ? – Laís a demandé.

– Le jour viendra où ils seront aidés, où ils subiront des traitements. Quand ils sont guéris, ils étudieront ou se réincarneront. Mais comme ils errent, ils sont perturbateurs et perturbés.

– Nous ne pouvions pas faire venir tous les obsesseurs, pourquoi ? – Cida a demandé.

– Il serait bon de guérir tout le monde, d'aider tout le monde. Mais cela fonctionnerait-il ? Non, ils continueraient à faire des erreurs. Et pour l'erreur il n'y a pas de réaction ? Nous avons réussi à attirer ceux qui ont rendu l'aide nécessaire. Nous nous sommes disputés avec tout le monde, certains le voulaient, d'autres non. Nous avons seulement forcé l'ex-esclave, parce que l'incarnée le lui a demandé. Nous avons analysé les demandes qui sont arrivées au Département des Commandes et avons conclu qu'il était temps de les séparer. Bien si nous pouvions servir tout le monde ! Mais comme nous en avons amené beaucoup cette fois-ci, il y en aura beaucoup d'autres. Peu à peu, tout le monde voudra de l'aide. Il y en aura seulement d'autres là-bas. Mais la souffrance est épuisante, et les obsesseurs souffrent aussi.

J'ai beaucoup réfléchi à ces problèmes qui affectent beaucoup, comme l'obsession, et j'ai conclu :

– Et ne suivez pas les enseignements de Jésus ! Celui qui aime son voisin ne lui fait pas de mal. Celui qui aime les autres ne le poursuit pas. Qui aime vit en harmonie !

13.– Commandes

La classe théorique était petite. Mme Isaura a expliqué que nous étudierions les demandes que les incarnés et désincarnés font aux saints, aux âmes ou aux Esprits, à Jésus, à Notre-Dame, etc. Il y a tellement de demandes que dans les Colonies, il y a des départements où ils sont étudiés et envoyés aux équipes qui s'en occuperont.

– Ces demandes sont parfois faites dans la foi, parfois en cherchant des facilités parmi les incarnés – a déclaré Mme Isaura –. Certains sont pris en charge à temps, d'autres dépendent du temps. Par exemple : quand un homme est en danger, il demande de l'aide à Marie, la mère de Jésus ; tout bon Esprit autour de lui peut le servir. Ceux qui fournissent ces grâces sont des équipes d'Esprits au nom de toute entité. Cela n'a pas d'importance. Les honneurs aux incarnés ne sont importants que pour eux. Pour nous, travailleurs désincarnés du bien, seul compte le bien que nous faisons.

– Est-ce mal de faire des promesses ? Gloria a demandé.

– Beaucoup le font de bonne foi, mais il est temps de comprendre que les biens matériels ne peuvent pas être échangés contre des faveurs spirituelles. C'est très avare : vous faites cela, je le fais. Vous pouvez demander, mais sachant que, si on s'occupe de vous, vous n'aurez rien à donner en retour Il suffira de rendre grâce.

– Qu'est-ce qui est juste de demander ? – Ivo a demandé.

– C'est plus sûr de le faire vous-même. Mais on peut demander l'amélioration, la patience, la force, la sagesse, échanger des vices contre des vertus. C'est plus faisable.

– Beaucoup de gens font des promesses -, a déclaré Joaquim. Ma mère m'en a fait un pour que je l'accomplisse, mais je me suis désincarné et je ne l'ai pas fait. Puis elle a pensé que j'étais en enfer. Elle a souffert et m'a transmis son agonie. Le prêtre lui a conseillé de le faire elle-même. Maman a obéi et m'a donné la tranquillité. J'ai beaucoup souffert quand elle m'imaginait en enfer.

– Le fait de ne pas tenir ce qui a été promis met mal à l'aise. Je connais des gens qui se désincarne et n'ont pas la paix, errent dans l'angoisse de ne pas avoir tenu une promesse. D'autres ne l'ont pas tenue et l'ont même oubliée ; lorsqu'ils sont sauvés, ils apprennent que ce fait n'interfère pas avec l'aide lorsqu'ils se désincarnent. Les bonnes Esprits ne chargent pas. Nous avons l'habitude de nous faire payer. Mais, comme nous le promettons, nous échangeons des faveurs, nous recevons de l'aide des uns et des autres, il est honnête de la tenir. Vous ne pouvez rien promettre pour que quelqu'un d'autre le tienne. Nous ne sommes pas responsables des commandes et des promesses des autres.

Quand les terriens évolueront plus loin, il n'y aura pas de promesses.

– Y a-t-il ceux qui font des promesses dont l'accomplissement est l'amélioration intérieure ? – Lauro demandé.

– Très peu. Ils promettent beaucoup et parfois des choses très difficiles à tenir ! Ils promettent rarement d'améliorer ou de quitter un vice.

Dans la classe pratique, nous avons visité le Département de Commandes. Ils ne sont pas les mêmes et varient considérablement d'une Colonie à l'autre. Dans les grandes Colonies, ou dans celles proches de l'endroit où, sur le plan physique, il y a des pèlerinages, ces départements sont immenses. À Colonia de San Sebastian, il est situé à l'intérieur du bâtiment de la Religion et dispose de quatre grandes salles. La première traite des demandes des désincarnés. Sans vêtements physiques, beaucoup moins est nécessaire. Aucune promesse n'est faite, mais vous êtes éduqués pour la gratitude. Là, dans cette salle, viennent les demandes de personnes désincarnées de la Colonie et des Postes de Secours. Ce sont des demandes de changement d'emploi, de logement et, beaucoup, d'aider leurs proches, désincarnés ou incarnés.

Les trois autres salles sont destinées à répondre aux demandes des incarnés. Dans le premier, ils sont séparés et envoyés aux deux autres, pour être analysés ; puis ils retournent à la salle d'origine, pour être envoyés aux sauveteurs ou aux Esprits qui travaillent dans ce

[135]

Département, c'est-à-dire que ceux qui peuvent être assistés sont séparés.

Comme il n'y a pas beaucoup de commandes sans promesse, la deuxième salle est petite ; il traite des appels conscients, sans promesses. Beaucoup sont pris en charge. Cette chambre est très agréable, il y a de belles photos sur le mur.

L'appartement entier est peint en jaune clair et décoré de nombreux pots. La troisième salle, est très grande et dispose de plusieurs tables, est pour ceux qui demandent AVEC des promesses. Les commandes y sont séparées, et les tables ont des affiches avec les noms des Saints, Jésus, Âmes. Ceux qui s'adressent à la Vierge Marie sont nombreux. Ensuite, ils sont séparés en deux catégories : viables et non viables Les demandes considérées comme non viables ne seront pas satisfaites, comme les cas de demandes pour avoir ou ne pas avoir de pluie, pour la victoire d'équipes sportives, pour gagner à la loterie, etc. Les viables sont ceux qui peuvent être réalisés, en partie ou en totalité. Dans ce cas, les demandeurs sont visités par les travailleurs du Département, qui donnent ensuite leur avis final. Si elle est approuvée, les travailleurs s'en occupent et la personne obtient la grâce, alors le demandeur doit tenir ce qui lui a été promis.

Tout se compose de cartes bien organisées. En eux est le nom de la personne qui demande, l'adresse et ce qui est prévu. Lorsque la demande est faite, le Département prend des notes. Par exemple : si la personne demande dans une église, un travailleur l'enregistre et prend la commande à l'endroit approprié. Mais il y a des demandes qui viennent directement au Département. La pensée agit comme un téléphone, comme si le fidèle demandeur communiquait. Ce n'est pas le cas de tous les gens, mais il suffit d'avoir la foi pour que cela se produise. Douter, c'est couper la connexion.

– C'est pourquoi beaucoup de gens appellent des gens qu'ils considèrent comme bons, qui ont la foi, pour prier pour eux – a déclaré Zé.

La plupart des demandes proviennent d'endroits tels que les églises, les cimetières, dans leurs propres maisons, etc. sont notées et transmises au Département. Et cela est fait non seulement par ceux qui y travaillent, mais aussi par tout bon Esprit, et parfois ils sont des Esprits de famille ou des travailleurs de tout autre secteur. Dans les cimetières, les sauveteurs prennent des notes.

Nous étions curieux et nous observions tout, quand un surveillant de la maison nous a gentiment dit :

– Vous pouvez lire les commandes, mais ensuite les mettre au même endroit.

J'ai été impressionné de voir la quantité. J'en ai pris qui étaient si viables. Il y avait des demandes comme arrêter de fumer, d'accepter l'enfant qu'ils n'avaient pas aimé. Il y avait aussi des notes de suggestion pour les sauveteurs.

Le dossier de la mère a été analysé, demandant à Notre-Dame de l'aider à aimer son fils, et ils ont vu que la mère et le fils étaient des ennemis dans le passé et que, dans cette incarnation, ils étaient ensemble pour se réconcilier. L'aide consistait à lui parler pendant que le corps dormait et à lui faire comprendre la nécessité d'accepter l'enfant.

L'enveloppant dans ses pensées quotidiennes pendant six mois, l'encourageant à pardonner et à donner de l'amour.

– Cela va-t-il fonctionner ? – J'ai demandé à un travailleur, lui montrant le dossier.

– Je pense que oui. Cela dépendra si elle accepte nos instructions – il a répondu, gentiment.

Beaucoup est demandé, et la pile de demandes non viables était grande. J'en ai pris pour lire. Dans l'une d'elles, une dame suppliait les âmes du purgatoire d'aider son mari à ne pas découvrir qu'elle l'avait trahi ; elle priait aux trois tiers dans le cimetière.

Dans un autre, un garçon demanda à Saint Antoine de l'aider à épouser une jeune femme riche et belle ; il allait à la messe une fois par mois tout au long de sa vie.

D'autre part, une jeune femme a supplié la Vierge Marie de la libérer de tomber enceinte, elle était célibataire.

Certains, non viables, insistaient avec des pétitions à plusieurs saints à la fois et avec des promesses incroyables.

Le conseiller du Département nous a gentiment expliqué :

– Nous respectons toutes les formes «de croyances et de toutes les façons de poser.» S'ils sont venus ici, c'est parce qu'ils ont été faits dans la foi, même si nous savons que beaucoup d'entre eux n'ont aucun fondement dans la foi raisonnée. Nous respectons même les demandes de dissimulation d'erreurs, comme la demande de protection de Notre-Dame Aparecida pour ne pas être arrêté pendant un vol. Il y a plus d'ignorance que de mal.

Marcela a lu à haute voix les paroles d'un trafiquant de drogue qui a appelé à la protection pour qu'il ne soit pas découvert et arrêté.

Il a promis de donner beaucoup d'aumône aux pauvres. Le conseiller a précisé ce qui :

– Chaque fois que ce demandeur est sur le point de recevoir une cargaison de drogue, il fait une promesse similaire.

Nous ne l'aidons pas, nous ne pouvons pas l'aider comme il le souhaite, donc sa demande est nulle. Il a promis pendant un certain temps et, puisqu'il n'a pas été arrêté, a payé la promesse. Nous avons déjà essayé de l'aider, en l'encourageant à changer son mode de vie, à arrêter le trafic de drogue. Mais, malheureusement, ce n'est pas ce qu'il veut, parce qu'il aime ce qu'il fait.

Après avoir tout analysé, nous sommes sortis avec un groupe de sauveteurs qui s'occupaient de certaines demandes.

Le premier cas était celui d'un gentleman, lui demandant de guérir. Il était à l'hôpital, il avait un cancer avancé.

Il ne voulait pas que son corps guérisse, sa demande ne serait pas accordée, mais ils l'aideraient d'une manière différente. Les sauveteurs l'aidaient et l'encourageaient à avoir de bonnes pensées et à se résigner. L'équipe lui rendait visite tous les jours, jusqu'à ce qu'il se désincarne. Il a senti notre présence et a reçu les liquides donnés, s'est calmé et s'est endormi. Une autre supplication nous a émus. Une fillette de huit ans sans mère voulait récupérer sa mère.

— Mais n'est-ce pas non viable ? – Gloria a demandé

— La demande, oui, répondit Frederico, mais pas l'aide. Les sauveteurs lui rendront également visite, pendant un certain temps, tous les jours, pour la réconforter et l'aider à accepter la désincarnation de sa mère.

Une autre dame voulait de l'aide, parce qu'elle se sentait mal, essoufflée. À côté d'elle, un homme désincarné la vampirise. Les équipes de sauvetage sont devenues visibles pour lui, ont parlé et l'ont convaincu d'aller à un Poste de Secours.

Ensuite, nous sommes allés voir comment les documents sont rédigés. C'était dans une église. Cet après-midi-là, elle était presque vide. Seul un bon travailleur était là. Nous nous sommes approchés d'une dame qui priait avec foi au pied de l'autel du Cœur de Jésus. Le bon travailleur a pris sa commande pendant qu'il priait. Elle voulait que son fils réussisse l'école.

— Cette dame sera-t-elle entendu ? – Ivo a demandé au travailleur.

— Les travailleurs du département peuvent aller voir son fils et l'encourager à étudier. Parfois, il peut avoir un problème de santé ou une personne désincarnée qui le perturbe. Dans ce cas, il est conseillé à la mère, sous forme d'intuition, de trouver un médecin ou un Centre Spirite. Connaissant la cause, les travailleurs peuvent trouver une solution. Mais si c'est la paresse, on ne peut que l'encourager. Personne ne fera ce qui dépend d'eux : étudier.

Puis nous sommes allés à un lieu de pèlerinage. Là, beaucoup de gens ont payé des promesses ou demandé des grâces. Les supplications étaient diverses : ils voulaient obtenir des facilités, de la richesse. Certains étaient touchants : ils appelaient à la santé, à l'amélioration du caractère.

Ces derniers, en fait, ont été généralement faites pour d'autres personnes, comme la femme qui voulait que le copain renonce à la boisson et l'enfant, à la drogue.

Dans les lieux de pèlerinage il y a de grandes équipes de travailleurs. Les commandes sont normalement expédiées à un département de Colonie. Si l'endroit est très populaire, le Département est là, comme dans Aparecida do Norte. Une grande équipe y travaille, où les commandes sont prises et ensuite amenées dans les salles construites sur le Plan Astral, en continuation de la construction du matériel.

– Les lieux de pèlerinage sont-ils attaqués par les frères du Seuil ? – Cida a demandé.

– Oui, c'est pourquoi les travailleurs sont aussi des gardes, et l'endroit est équipé de rayons électriques – a répondu Raimundo.

– Que se passe-t-il si le rayon frappe un incarné ? – Joaquim a demandé.

– Rien, cela n'affecte que les désincarnés – a continué à expliquer Raimundo. Les travailleurs locaux peuvent faire face à ces rayons, et il n'y a pas de contretemps.

Parce que beaucoup de gens viennent de loin, de différentes parties du Brésil, les sauveteurs se rendent ensuite chez eux. Toutes les demandes reçoivent des réponses.

Nous avons vu un homme demander à gagner une voiture lors du tirage au sort. Les travailleurs n'allaient pas interférer avec le tirage au sort.

Mais oui, pour l'encourager à penser plus au spirituel.

En période de grands pèlerinages, l'endroit reçoit des aides supplémentaires. C'est touchant d'être là à écouter les supplications. Il y a tellement de gens qui ont la foi !

Nous n'avons pas travaillé pendant l'étude que nous avons fait, nous avons juste observé.

Nous sommes retournés à la Colonie. La classe de conclusion, comme toujours, a servi à répondre aux questions. Joaquim a été le premier à demander :

– Comment aider les demandes qui nécessitent du temps, comme celle d'un monsieur qui a demandé la protection de son petit-fils qui vient de naître ?

Frederico a répondu :

– Ce n'est pas viable. Le nouveau-né n'aura pas de protection spéciale en raison de cette demande. Aide, en tout temps, nous l'avons tous. Mais la demande d'une autre femme qui prie toute sa vie pour une bonne mort ou désincarnation, alors voilà, quand le moment sera venu, elle aura de l'aide. Si elle est bonne, elle aura une aide plus profonde, sinon, une simple assistance pour la séparer et lui donner les premières directives.

– Une dame a demandé à Notre-Dame dans la foi d'aider son mari désincarné. Comment l'aide est faite ? – Rosalia a demandé.

– Les sauveteurs peuvent rechercher et découvrir où se trouve le conjoint. S'il est en bonne santé, rien ne sera fait. S'il souffre, le cas est analysé. Il est possible qu'il ne voulait pas d'aide pour le moment, il ne recevra donc pas d'aide et la demande ne pourra pas être accordée. Mais s'il souffre et veut de l'aide, il en recevra.

– Nous avons vu une dame qui fait trop de promesses, pour rien. Que va-t-il lui arriver ? – Ivo a demandé.

– Elle se comporte mal ; ils ont déjà essayé de l'instruire, de la guider vers le changement. Les demandes quotidiennes suivent leur cours. Les travailleurs ne peuvent pas perdre de temps à ce sujet. Nous voulons qu'elle change, mais si elle ne le fait pas, rien ne lui arrivera. Nous avons vu qu'elle n'agit pas de mauvaise foi.

– Il est beaucoup demandé qu'il pleuve ou ne pleuve pas – dit Ilda – sont-ils tous non viables ?

– Oui, tous.

– J'ai été impressionné par une dame qui a prié pour mourir, pour se désincarner – a déclaré Lauro.

– La demande n'est pas viable, mais elle recevra de l'aide. Ils l'encourageront à vouloir vivre incarné, ils essaieront de faire en sorte que quelqu'un, incarné, lui parle et l'aide. Elle ne se désincarnera pas hors du temps. Vous ne pouvez pas aider quelqu'un à se désincarner comme ça.

– En cas de danger, l'ordre passe-t-il par le Département ? – Cida a demandé.

– Non, les bons Esprits essaient toujours d'aider de toutes les manières possibles.

– Et s'il n'y a personne autour ? – Cida a demandé à nouveau.

– Les mots restent dans l'air et peuvent être recueillis par les bons Esprits dans un rayon de kilomètres. La demande peut être transmise au Département en quelques secondes et le personnel sur place avertira une équipe travaillant sur Terre.

En volant vite, le sauvetage se fait immédiatement.

– Seuls les supplications faites dans la foi vont au Département, n'est-ce pas ? – Teresita a demandé.

– Oui. Vous ne pouvez pas imaginer combien ils demandent. Mais ceux qui sont demandés sans foi n'arrivent pas le Département.

– Si quelqu'un fait une promesse et la commande n'est pas destinée au Département, mais qu'elle résulte effective ; La personne doit-elle tenir sa promesse ? – James a demandé.

– Celui qui a fait la promesse ne connaîtra pas ce détail. La promesse incomplète en perturbe un. Les promesses des commandes que les gens du ministère accomplissent au nom de Jésus, de Marie, des saints, etc. n'ont pas d'importance, qu'elles soient tenues ou non. Pour les travailleurs, il suffit de faire le bien, de faire du bon travail.

– Y a-t-il des Esprits qui exigent des promesses ? – Marcela a demandé.

– Il y a des promesses faites dans les terreurs, à certains Esprits, aux âmes du « Purgatoire ». Ceux qui répondent sont des Esprits qui ne sont pas encore clarifiés.

Ils donnent l'aide qu'ils peuvent, mais ils veulent être payés, et généralement ils font payer.

Les questions sont terminées et Frederico a terminé avec ces mots :

— Lorsque la Terre évoluera, cet échange de faveurs cessera. Les demandes seront une aide à améliorer. Cependant, nous avons déjà appris que chacun doit faire par lui-même ce qui le concerne.

14.– Le Seuil

Nous avons eu quelques heures de libre avant de commencer le nouveau sujet d'étude : Le seuil. J'ai profité de l'occasion pour méditer, et les souvenirs me sont revenus... Je me suis souvenu de ce que mon père nous avait dit un jour, dans la chaleur de notre maison, sur le Seuil. La nature ne s'écarte pas du chemin de l'amélioration, de la manifestation divine. Où que nous regardions, il y a une évolution, même lente, mais constante. Il nous semble que, seulement au niveau humanitaire, il y a une possibilité de rejeter cette croissance, beaucoup ne l'admettent pas. Mais s'il n'y a pas d'évolution, il y a une stagnation sur le plan mental égoïste. C'est une vérité claire, si agressivement exposée dans les régions du Seuil, qu'elle nous fait trembler.

Il semble être la maison de toutes les misères imaginables. Des Esprits qui deviennent des chiffons humains, cultivant la promiscuité, la peur, la misère et l'exploitation parmi les plus intelligents et les plus violents d'entre eux.

La nature semble toujours froncer les sourcils et être contrariée, car le jour ne se lève jamais complètement et l'obscurité est constante. Parfois, les tempêtes violentes fouettent ces régions, dans un effort suprême pour soulager, nettoyer les accumulations de miasme et d'obscurité créées par un homme profondément égoïste.

Là, dans une coexistence déprimante, se rencontrent des Esprits négligents qui, sur Terre, ne se préoccupent pas de la croissance spirituelle, car s'ils ne font pas le mal, ils ne font pas le bien non plus, et créent ainsi des dettes. Parce que quand vous pouvez grandir spirituellement, vous devez le faire, afin que nous puissions refléter la lumière, l'harmonie, la bonté et la fraternité de Dieu.

Le Seuil n'est certainement pas un endroit agréable. Si la plupart des incarnés avaient une idée de ce que c'est que d'y vivre, même si ce n'est que pour un certain temps, ils sauraient utiliser plus la période d'incarnation pour apprendre, vivre dans la bonté et changer intérieurement, en devenant dignes d'un meilleur foyer lorsqu'ils se désincarnent.

Je n'aurais jamais pensé voir autant de choses différentes qu'il y en a eu à la conférence du seuil. Les films ont été séparés par des éléments. Tout d'abord, nous avons vu des films sur la végétation. Dans le Seuil, il est toujours petit et n'est pas composé de nombreuses espèces. La plupart des arbres sont tordus, avec des troncs épais et pas trop grand. Dans certains endroits, il y a des mauvaises herbes qui rappellent les herbes et les pâturages de la Terre. Ils servent de nourriture pour de nombreux Esprits qui y vivent. La végétation varie selon les différentes régions du Seuil. Nous avons d'abord vu celle de notre région, puis celle du Brésil et, enfin, celle du monde.

Ils ont ensuite montré quelques espèces d'animaux, comme les oiseaux, qui sont également de quelques espèces, dépourvues de beauté, mais utiles.

Nous avons vu les différentes formes de cavernes, grottes et abîmes dans le Seuil.

– Tout cela existe parce qu'il y a ceux qui y vivent – a déclaré Mme Isaura.

Les films ont montré les différents types d'habitants du Seuil, qui peuvent être divisés en groupes. Les chefs, qui sont des Esprits intelligents, généralement studieux de la magie, désireux de dominer, détestent presque toujours le bien et les bons. Ce sont pour la plupart des sorciers. En général, les grands chefs ressemblent aux humains. Avec des formes extravagantes, seuls les sous-chefs et les subordonnés se présentent.

Il y a ceux qui travaillent avec les chefs, les membres du groupe, le gang. Beaucoup d'entre eux sont aussi des érudits, des sorciers, des experts en lois naturelles. Ils obéissent aux règles du groupe. Bien qu'ils se considèrent libres, en réalité ils ne le sont pas, car ils ne quittent pas facilement le groupe et sont punis pour leur désobéissance. Ils disent qu'ils aiment ce qu'ils sont et la façon dont ils vivent.

On trouve aussi des Esprits solitaires sur le Seuil, mais il y en a peu. La plupart d'entre eux vivent en groupe. Certains errent, en groupes de fauteurs de troubles, entre le Seuil et la Terre.

Il y a des esclaves, ceux qui n'appartiennent pas au gang, ils travaillent, ils ne reçoivent rien en retour, à moins qu'ils ne soient punis s'ils n'obéissent pas.

Il y a aussi ceux qui sont torturés et traités comme ça, principalement par vengeance.

Tout comme il y a ceux qui disent qu'ils l'aiment, il y a aussi ceux qui considèrent le Seuil comme un enfer, ils souffrent d'errer sans but, de souffrir pour leurs erreurs.

Ils sont regroupés en villes, petites villes ou noyaux. Nous avons vu beaucoup de villes dans les films, ils ont tous la même base. Le meilleur bâtiment est pour le chef, c'est le lieu des fêtes et du tribunal ou des audiences, la plupart d'entre eux ont une bibliothèque avec des livres sur des sujets magiques et obscènes. La plupart des livres et magazines sont également publiés sur Terre.

Seuls les Incarnés ont des livres et des magazines qui sont bons et mauvais, alors que seuls les mauvais sont là. Nous avons vu, étonné, de grandes villes avec de nombreux habitants esclaves.

Le seuil des Amériques est plus lisse que l'Europe et l'Asie. Le Seuil de l'ancien monde est plus fermé, il a des abîmes énormes et horribles.

Nous avons vu beaucoup de films sur chaque Seuil dans d'autres régions, parce que dans la classe pratique, nous ne visitions que celle de notre région.

– Pourquoi ces chefs sont-ils autorisés à exister ? – Rosalia a demandé, impressionnée par la puissance qu'ils ont.

– Nous avons tous notre libre arbitre – a répondit Raimundo. Nous sommes ce que nous voulons être. Nous avons le droit à tout, mais tout ne nous convient pas. Ce sont des Esprits avides de pouvoir.

– Ne serait-il pas intéressant pour une équipe de bons Esprits de les endoctriner ? – a demandé Rosalia à nouveau.

– D'autres apparaîtraient. Beaucoup s'attendent à une vacance pour un poste de chef. Parmi eux, il y a toujours la dispute pour le leadership. Ce n'est que lorsqu'ils montrent des signes de fatigue qu'il y a une chance de changement. Mais ils, étant intelligents, savent qu'un jour ils devront changer.

– N'avez-vous pas peur d'être expulsé de la Terre quand vous passez d'une planète d'expiation à une planète de régénération ? – Ivo demandé – ou ne savent-ils pas ?

– Ils savent, mais ils pensent toujours qu'il y a du temps, que ce fait prendra du temps. Les autres s'en moquent, car le pouvoir leur monte à la tête. Nous savons que nous, une grande partie des Terriens, avons été expulsés d'une autre planète, qui est passée d'un monde d'essai à un monde de régénération, et ici nous commençons à réapprendre. Aussi sur Terre il y aura une sélection et seuls les bons seront et ceux qui ont l'intention, avec bonne volonté et sincérité, d'être bons.

Le Seuil n'est pas agréable à voir dans les films. Sachant que c'est la réalité et que nos frères sont là m'a attristé pendant un moment.

Puis j'ai médité sur ce que Dona Isaura a dit :

– Seuil n'est pas synonyme de souffrance ou de bonheur, c'est un lieu transitoire. C'est un environnement créé par le mauvais usage de la tête humain. Tout le monde ne trouve pas le Seuil triste et laid, beaucoup aiment y vivre. Les goûts sont différents, certains aiment nettoyer, d'autres aiment la saleté. Certains préfèrent la vérité, d'autres préfèrent l'illusion et le mensonge. Donc, personne n'est là pour punir, mais pour vibrer comme l'environnement. Ceux qui souffrent ne sont pas là pour toujours, il y a de l'aide.

La classe théorique était super, nous avons vu beaucoup sur le Seuil, il y a beaucoup à voir et à étudier. Nous n'avons pas creusé plus profondément, parce que notre temps d'étude était juste pour apprendre à connaître la chose principale. Le Seuil est immense, de la taille des continents. Là où il y a un noyau d'incarnés, il y aura aussi un espace spirituel bon et mauvais.

Les noyaux sont des groupes d'Esprits. J'ai été surpris par certains noyaux, comme les suicidaires, qui se trouvent presque toujours dans les vallées et qui sont visités à la fois par les sauveteurs et les méchants, qui tourmentent encore plus ceux qui y vivent.

Les toxicomanes sont presque toujours dans les petites villes. Mais dans certains endroits, ce sont de grandes villes fermées et animées, où ils ont de grandes fêtes. L'endroit où se trouvent les toxicomanes de la région s'appelle Valle de las Muñecas (Vallée des Poupées). Il y a des maisons et un grand labo. Nous avons vu, dans des films, comment c'est à l'intérieur, y compris le laboratoire.

D'autres groupes similaires syntonisent et forment des noyaux de voleurs, de meurtriers, etc.

Nous avons réétudié le Seuil de notre région. Nous avons vu la carte et tout ce qui est marqué et divisé en parties numérotées par secteur, afin que les sauveteurs aient leur travail plus facilement.

Dans notre région, il y a une ville comme le Seuil de taille moyenne avec de nombreux noyaux. La plupart d'entre eux sont nommés par leurs habitants. Certains sont intéressants, certains ridicules ou obscènes. Il y a un noyau d'alcooliques qui s'appelle Grand Baril Il a des maisons qui sont connectées les unes aux autres. Le chef et d'autres esclaves y vivent, mais il n'y a pas de tortures. Ses habitants aiment aussi se promener parmi les incarnés et se saouler avec eux.

Je n'étais pas trop enthousiaste par la classe pratique. Je savais que je devais connaître le Seuil et, pour moi, ce n'était pas encourageant. Mais il existe et ne peut être ignoré.

Nous partons le matin, en transport, à Refuge Charité et Lumière. Nous y sommes restés quelques jours, en visitant le jour et en nous reposant la nuit. Mais nous avons aussi marché pendant deux nuits sur le Seuil. Le premier jour, nous sommes partis autour du Poste. Lors de ces excursions, nous aidions ceux qui nous demandaient sincèrement de l'aide.

Là, le sol est diversifié, parfois avec de la boue, parfois glissante ou sèche. Nous avons mis les vêtements spéciaux que j'ai déjà mentionné et nous mettons des gants épais. Beaucoup d'Esprits vont au Seuil avec rien en particulier, s'habiller normalement, mais pour nous, comme il s'agit d'une étude, ces vêtements nous seront recommandés. Fleur Bleue sur ces excursions était proche de moi, mais notre ami a travaillé dur, toujours joyeux et heureux.

Voir en personne, le Seuil, pendant les études est différent d'écouter, de parler, de lire une histoire ou de regarder un film. Il diffère également selon le goût du narrateur. Bien que je sache que son existence est utile et nécessaire, je l'ai trouvé un endroit laid et horrible. J'ai remercié, plusieurs fois, de ne pas avoir erré, dans ma désincarnation, à travers ces lieux et de ne l'avoir connu que dans l'étude.

Le Seuil suit le rythme de la Terre, si dans la région de l'incarnation il fait jour ou nuit, s'il pleut ou non, s'il fait froid ou chaud, la même chose s'y produit.

Au Seuil, l'odeur est désagréable, il y a une odeur de terre, de boue pourrie et de moisissure. L'air est lourd et étouffant.

Dans sa partie la plus agréable est la région où le Refuge de la Charité et de la Lumière est situé, où la végétation est plus grande, et plus rare dans les zones les plus reculées. Dans les cavernes, il n'y a pas de végétation et s'il y en a, c'est très peu.

Chacun de nous portait un sac à dos contenant une lampe de poche, un petit filet de sécurité, un petit lance-foudre et des draps pour envelopper les personnes sauvées, car ces malheureux sont généralement en lambeaux ou parfois nus.

Nous pourrions parler cette fois. Quand nous avons entendu des voix, des appels à l'aide, nous sommes allés les chercher. Nous nous sommes approchés, nous avons parlé aux nécessiteux, leur expliquant en quoi consistait notre aide, qu'ils seraient emmenés au Poste, où, grâce à la discipline et à l'ordre, ils seraient guéris, mais qu'ils devraient être prêts à changer de vie. Certains voulaient se libérer de là, parfois ils étaient dans des grottes, des trous ou dans la boue, ils voulaient une aide sociale, mais ils n'étaient pas prêts à se changer ou à aller au refuge. Ceux qui ne voulaient pas venir avec nous, nous les avons simplement sortis des trous, des grottes ou de la boue, nous les avons nettoyés et les avons laissés aller où ils voulaient. La plupart d'entre eux erraient.

Pendant la visite, nous avons rencontré beaucoup d'entre eux. Certains d'entre eux nous ont demandé de les emmener là où se trouvaient les incarnés, et nous leur avons dit que nous ne pouvions pas. En fait, on nous a ordonné de ne pas les prendre ni de leur apprendre à le faire.

– Si vous allez avec les incarnés, vous serez tourmenté et vampirisé – dit Joaquim. Mais, malheureusement, les résidents ici enseignent à beaucoup de le faire.

– Ne savez-vous pas comment aller Seul ? – Ivo a demandé à Joaquim.

– Il est très difficile d'y aller sans connaître le chemin.

Nous avons vu quelques gardes de la ville de Seuil regarder les Esprits prisonniers des trous, de la boue, etc. Ils n'aiment pas être libérés, mais ils partent presque toujours avec les bons. Nous étions dans un grand groupe. En plus de nous, il y avait trente autres membres, donc nous avons été rejoints par trois instructeurs, Fleur Bleue et cinq autres travailleurs du Poste. Mais certains groupes nous ont attaqués, jetant de la saleté, de la boue fétide, des pierres, etc. Nous avons ouvert nos réseaux et essayé de leur parler. S'ils n'arrêtaient pas l'attaque, nous répondrions avec nos lance-foudres et ils s'enfuiraient.

– Si un grand groupe nous attaque ? – Nair a demandé avec inquiétude.

– Les plus grands bandes ne seront pas intéressés à nous confronter – a déclaré Raimundo. Mais si nous sentons la présence d'une attaque majeure, nous reviendrons immédiatement au Poste.

Nous avons étudié la végétation, nous nous sommes approchés, nous avons passé la main, nous sommes allés aux filets d'eau, nous avons étudié le sol, les pierres. Nous avons été distraits comme nous avons vu les pierres, quand Raimundo nous a demandé de rencontrer.

– Nous serons attaqués dans quelques minutes. Bientôt, nous avons entendu des blasphèmes, des cris et des hurlements.

– Et le professeur tricheur qui enseigne à la classe et à ses horribles élèves – a dit une voix, criant.

– Nous ne voulons pas de conversations. Ils peuvent se défendre parce qu'on va attaquer. Vous les effrontés !

Nous n'allons pas là où vous vivez pour étudier quoi que ce soit. Vous n'avez rien à faire ici. Voulez-vous copier le paysage ? On doit payer !

Ils ont ri de façon scandaleuse. Nous avons ouvert les réseaux et sommes restés silencieux. Nous sommes restés, Nair et moi, près de Fleur Bleue. Rosalia avait peur et Frederico devait la protéger. Ils nous ont jeté plusieurs choses dégoûtantes.

– Ne vont-ils pas s'arrêter ? – Raimundo a demandé à haute voix –. Nous sommes ici en paix ! Les rires et les cris étaient la réponse, et ils ont continué à nous attaquer.

– à la foudre ! – Raimundo a dit

Certains d'entre nous ont tiré avec le lance-foudre. Les projectiles ont nettoyé l'endroit. Ils ont résisté pendant quelques minutes, se sont cachés derrière les rochers. Mais beaucoup ont été frappés, tombés, paralysés pendant des heures. Ceux qui sont battus ont le sentiment qu'ils meurent à nouveau. Peu à peu, ils se sont retirés, ont cessé de rire, mais ont continué à blasphémer.

Quand ils sont tous partis, nous avons maintenu nos réseaux.

– J'avoue que j'avais peur – a dit Zé –. Si j'étais une femme, je me serais appuyé à l'un des instructeurs comme ils l'ont fait.

Rosalia, Nair et Patricia. Raimundo, ils n'ont pas d'arme ? Je les vois avec des armes rudimentaires.

– Ce sont eux qui savent comment le faire. Les Esprits intelligents ici sur le Seuil utilisent leurs têtes pour attaquer. Puis, avec une arme à feu, les balles passent à travers les corps, ne faisant que les blesser. Ils préfèrent les bâtons, les chaînes, ce qui est ce qu'ils utilisent et ce qui leur fait le plus peur.

– Ils n'ont ni réseaux ni lance-foudre – a observé Luis Si oui, pouvons-nous nous défendre contre eux ?

– Si l'un d'entre nous perd le lance-foudre ou le réseau, ils sauront comment les utiliser ?

– Si l'un de nous les perd, c'est négligent. Nous devons être prudents avec nos objets. Mais si cela se produit, le réseau et le lance-foudre s'autodétruiront s'ils sont utilisés par quelqu'un avec de faibles vibrations.

– Ils ne savent pas comment les construire ? – Luíza a demandé

– Ils ne savent pas. Mais s'ils construisent des armes similaires, s'ils les utilisent les uns contre les autres, rien ne nous arriverait si nous étions attaqués. Par mesure de précaution, nous portons ces vêtements et apportons notre équipement. Vous êtes étudiant, vous n'avez toujours pas les connaissances pour venir ici sans ces matériaux.

La tempête que nous voulions voir s'est produite. Il est devenu plus sombre. Nous nous sommes regroupés très près les uns des autres et nous avons regardé. Le vent fort soufflait secouant les arbres, nous comprenons pourquoi ils sont bas et forts.

La foudre a coupé l'air, nettoyant tout, le tonnerre était violent, le bruit assourdissant. Bientôt, la pluie a commencé à tomber, laissant encore plus de boue sur le sol. Il n'a pas duré plus de trente minutes. Puis l'air est devenu plus léger, moins étouffant, et l'odeur était plus douce.

Pendant des jours, nous avons marché, entré dans des grottes, descendu dans les trous. Les cavernes ou les grottes n'y sont pas grandes, mais nous en avons vu d'énormes dans les films. Ces endroits n'étaient pas beaux comme beaucoup sur Terre. Ils sont tous très similaires.

Les pierres sont sombres et sans beauté, il fait froid à l'intérieur, il y a un couloir où il y a généralement des Esprits emprisonnés. C'est assez facile de se perdre. L'obscurité est totale.

Les nuits au Refuge étaient agréables, nous parlions, écoutions de la musique, échangions des idées sur ce que nous voyions, mangions et nous reposions dans nos chambres ou nos logements. Les instructeurs et Fleur Bleue ne sont pas restés avec nous, ils sont allés dans les salles pour travailler. Chaque jour, nous avons amené des sauvés qui nécessitaient une attention particulière.

Nous sommes sortis deux nuits, mais nous sommes restés près du Refuge. La nuit dans le Seuil est plus effrayante. On ne voit que la lune, quand elle est pleine, étant rouge. La nuit est très sombre là-bas.

Après avoir connu tout le Seuil autour du Refuge, nous sommes partis à pied le matin au Poste de Surveillance.

15.– En savoir plus sur le Seuil

Nous n'avions pas besoin d'aller en silence au Poste de Surveillance, mais nous ne parlions que lorsque cela était nécessaire ; nous n'avions pas envie de parler, car nous étions concentrés sur tout voir.

La route n'est pas facile, nous sommes allés à côté de l'autre, en faisant attention où nous avons marché. Dans la classe théorique, nous avons étudié le chemin sur la carte et nous avions déjà passé quand nous avons visité le Poste de Surveillance. Mais nous avions besoin d'expérience pour ne pas nous perdre sur cette route curviligne. Plus nous marchions, plus il faisait sombre. Nous aidions les frères que nous avons rencontrés. Ce sont ceux qui sont tombés dans la boue, ceux qui ont rampé sur le sol. Nous sommes désolés pour tout le monde. Certains, même souffrants, quand ils nous ont vus, ils nous criaient des insultes :

– Que faites-vous ici ? Vous n'avez rien à regarder. Partez !

Beaucoup ont dit des mots obscènes. Des groupes de fauteurs de troubles fuient presque toujours des équipes de sauvetage.

Nous avons trouvé des groupes comme celui-ci deux fois, qui ont fui scandaleusement. Les plus intelligents s'arrêtent et regardent, n'insultent pas, se taisent. Les voyous, qui aiment se battre, affrontent les groupes de sauvetage, mais au premier impact de la foudre, ils s'enfuient en criant et en insultant.

En chemin, nous avons accueilli vingt-trois malades et les avons emmenés au Poste. Certains étaient protégés, d'autres sur des brancards.

De ces vingt-trois, quand nous sommes arrivés au Post, cinq ont dit qu'ils ne voulaient pas rester. Mais avant de les laisser partir, nous les avons nettoyés et habillés ; aux blessés, nous avons fait des bandages, les avons nourris et puis les laissons partir. Les dix-huit autres ont été nettoyés et envoyés dans les salles.

Un fait intéressant : l'un de ceux qui ne sont pas restés, bien qu'il soit propre et nourri, nous l'avons trouvé quelques jours plus tard, le reconnaissant pour ses vêtements, était avec un groupe qui nous a insultés.

Nous sommes toujours arrivés à la gare fatigué et, après nous être lavés et avoir mangé, nous écoutions de la musique et parlions.

Nous n'avons pas travaillé au Poste, seuls les instructeurs l'ont fait.

Un jour, nous avons vu une grosse tempête, quand nous étions sur le Seuil près du Poste de Surveillance. C'était terrifiant. La foudre a percé l'endroit avec d'énormes éclairs. Les groupes couraient, effrayés, d'un endroit à l'autre sans direction. Beaucoup se sont approchés de nous, mais quand la tempête s'est calmée, ils ont fui.

— N'y a-t-il aucun danger que la foudre frappe quelqu'un ? – Lauro a demandé à Frederico.

— Non. La foudre ne fait pas de mal. Ils brûlent des fluides nocifs. Nos couvertures nous protègent d'eux. Mais, s'il tombe sur l'un des vagabonds, il recevra la charge électrique qui lui fera perdre conscience, puisqu'il ne pourra pas se désincarner à nouveau[2].

(1) Note de l'Auteur Spirituel : Les tempêtes se produisent sur le Seuil comme elles le font sur Terre. Si nous pouvons les prédire ici, aussi aux Postes de Secours. Ils ne sont pas envoyés par le Plan Majeur, mais ils peuvent parfois être par nécessité. Les tempêtes font partie de la vie quotidienne du Seuil.

Le désir que vous donnez lorsque vous marchez sur le Seuil est d'aider tout le monde ; cependant, les fruits verts ne sont pas exploités. Tout le monde ne veut pas l'aide des bons. Il n'est pas possible de prendre ceux qui ne veulent pas, car ils seraient nuisibles pour les Postes et les Colonies. Lorsque vous aspirez sincèrement à demander de l'aide, vous aurez toujours quelqu'un pour vous aider.

On est allés dans un trou. Nous avons mis les lanternes sur notre front et sommes descendus avec des cordes, que nous avons attaché à un dispositif que nous avons attaché au sol. Nous sommes tous descendus, seulement Raimundo y est resté. Après quelques minutes, nous trouvons une grande pente d'environ dix mètres. Il y avait des Esprits qui se sont précipités à notre rencontre, demandant de l'aide. Nous les avons organisés pour qu'ils montent. Ils étaient huit. Cinq ont réussi à y aller seuls, l'un d'eux avait besoin d'un des travailleurs du Poste pour le mettre sur le dos. Deux, inconscients, ont dû aller sur un brancard, que nous avons attaché aux cordes et soulevé. Là-haut, Raimundo leur a parlé et leur a expliqué ce que serait l'aide et que, s'ils le voulaient, ils pourraient partir. Seuls les inconscients ont été pris sans demander. Beaucoup sont restés avec nous, mais la plupart sont presque toujours partis sans remercier.

Nous avons continué à descendre et nous sommes arrêtés à une grotte. L'obscurité était totale. Nous sommes entrés, ce n'était pas grand, il y avait six Esprits là-bas, dont trois ont demandé à rester. C'était étrange. Tout le monde a demandé :

– Pourquoi ?

Mme Isaura a simplement répondu :

– Ils aiment ça. Tout le monde doit avoir sa raison de ne pas vouloir partir d'ici.

Nous continuons à descendre, nous arrivons à la fin. C'était un fossé et il y avait trois Esprits attachés avec des cordes ; nous les laissons partir

– Qui les a arrêtés ? Pourquoi ? – Voulait savoir James.

Deux ont maudit leurs bourreaux et nous ont demandé, au nom de Dieu, de les punir. Le troisième était silencieux.

Mme Isaura a répondu :

– C'est pourquoi ils sont ici, pour maudire. Et certainement pour se battre. Nous pouvons les libérer, les emmener au sommet, mais pas au Poste. S'adressant à la personne silencieuse, Mme Isaura a demandé :

– Et vous, vous ne voulez pas vous venger ?

Non, madame, je veux aller avec vous. Je souffre et je suis fatigué.

– Lâche ! – a déclaré l'un des deux.

– Vous irez avec nous – a dit notre instructrice.

Durant cette excursion, nous avons vu d'autres événements de ce type. Quand ils ont été sauvés, ils nous ont demandé de les venger, d'arrêter leurs bourreaux juste là.

Nous sommes remontés, le trou était profond, je pensais que c'était horrible et je savais que c'était un des petits.

Cette nuit-là, Fleur Bleue est resté avec nous pendant un certain temps, a dit qu'en Chine le Seuil est plus effrayant et qu'il y a des endroits si fermés que les sauveteurs y vont rarement.

Un sauveteur du Poste nous a expliqué :

– Ceux que nous avons libérés du trou et qui ne sont pas venus avec nous seront bientôt impliqués dans de nouveaux combats et seront souvent arrêtés à nouveau. Seuls dans les voyages d'étude sont libérés ; comme ceux que nous faisons tous les jours. Nous ne nous allons qu'à ceux qui demandent de l'aide.

Le lendemain, nous sommes entrés dans une grande grotte. Nous attachons des cordes autour de notre taille pour ne pas nous perdre.

Nous n'allons pas dans les endroits les plus bas. Nous faisons sortir beaucoup d'Esprits, mais nous n'aidons que peu de gens.

Nous sommes allés voir quelques noyaux de près. Tous sont plus ou moins les mêmes : petits villages, avec peu de maisons groupées. Ils sont occupés Certains noyaux sont entourés de hauts murs. Nous n'en avons visité aucun. Ce jour-là, Artur est venu nous tenir compagnie. Artur est le camarade de travail désincarné de mon père. Je l'aime vraiment bien.

Joyeux, riant, il nous a accueillis en souriant et nous a dit qu'il nous accompagnerait dans l'excursion sur le Seuil.

Nous sommes heureux.

Dans un endroit plein de pierres, nous avons entendu le bruit d'une grande bande s'approchant. Nous nous rencontrons en cercle. Fleur Bleue était à mes côtés et chaque instructeur était également à proximité. Un grand groupe d'environ trois cents résidents du Seuil s'est arrêté devant nous. Ils étaient calmes et l'un d'eux a dit :

– Est-ce là que se trouve la fille du sorcier José Carlos ?

J'avais déjà entendu des Esprits se référer à mon père avec mépris, le traitant de sorcier.

Artur s'est avancé et s'est arrêté devant eux, a croisé ses bras sur sa poitrine et a réagi :

– Oui, pourquoi ?

Des rayons de lumière sont sortis de son tête et les ont frappés fort. Pendant quelques secondes, ils ont reçu les rayons de lumière, puis, effrayés, ont éclaté en cris. Artur est retourné à notre groupe tranquille :

– Allons-nous continuer ?

Nous étions tous curieux et l'avons entouré de questions :

– Que s'est-il passé ? – Beaucoup ont demandé à la fois.

– Nous savions qu'ils allaient les attaquer et je suis venu les aider – a déclaré Artur, plus calme que jamais.

– Voulaient-ils Patricia ? – Nair a demandé, surpris.

– Ils voulaient juste lui faire peur.

– Pourquoi ? – Ivo a demandé.

– Le père de Patricia est un conseiller spirituel et perturbe les oisifs, qui pendant un certain temps préfèrent le chemin de l'erreur. Ils pensaient pouvoir effrayer leur fille, mais ils ont oublié que les incarnés qui travaillent pour de bon ont les bons désincarnés pour les aider.

– Reviendront-ils ? – Luíza a demandé.

– Je ne crois pas. Mais je continuerai avec vous jusqu'à la fin de l'étude du Seuil.

– Tu avais peur, Patricia ? – Zé a demandé.

– Non, je me sentais plus calme que jamais – ai-je dit en regardant Fleur Bleue.

Comment ne pas faire confiance si nous avons la compagnie des trois instructeurs, Fleur Bleue et Artur ? En fait, Artur nous a offert sa compagnie sur les excursions que nous avons faites au Seuil, il ne séjournait pas au Poste. Il était toujours silencieux et répondait quand on le lui demandait, étant gentil avec tout le monde. Artur est simple, personne ne peut deviner de quoi il est capable.

C'est pourquoi nous l'admirons et lui sommes reconnaissants.

Les Samaritains sont sortis avec nous. Ils connaissent le Seuil mieux que leurs résidents. C'est bon de sortir avec eux. Ils nous ont emmenés dans les marais numéro deux, appelés ainsi parce que c'est une région avec beaucoup de boue. Il est difficile d'accéder à l'endroit, vous devez descendre beaucoup et il y a beaucoup des abîmes. Nous sommes descendus et avons sauvé les frères dans le besoin, mais seuls quelques-uns allaient à la Poste, la plupart étaient juste évacués. L'endroit est laid, il y a beaucoup de boue, peu de végétation, obscure et malodorant. Il était trop tard pour revenir, il serait bientôt la nuit, c'est alors que Frederico, Mme Isaura et Raimundo se sont réunis dans leurs pensées et ont fait un chemin de lumière. Il était mignon ! Merveilleux ! C'était un chemin en pente de lumière jaunâtre.

Nous marchions dessus. C'était étrange et phénoménal. C'était comme marcher sur le sol. Après avoir marché pendant des heures sur un terrain accidenté, c'était agréable de marcher sur la passerelle de lumière. Les trois instructeurs se sont avancés et ont formé une passerelle deux mètres en face d'eux, nous sommes allés derrière avec les sauvés et, en passant, la passerelle disparaissait.

Nous avons dû l'aider à garder de bonnes pensées. Nous chantions. Bientôt, nous étions sur la terre ferme et près du Poste de Surveillance. De loin, la passerelle, bien que jaune clair, ressemblait à un arc-en-ciel.

Le lendemain, Raimundo demanda au chef du Seuil la permission de venir le voir. Le Gouverneur, comme on l'appelle, a donné la permission, mais a averti que nous serions surveillés.

Naturellement, nous n'avons pu visiter que certaines zones, donc nous n'avons pas pu connaître les prisons, les lieux de torture et nous n'avons même pas entrer dans les maisons des résidents. Nous avons visité la salle des fêtes, tout était rouge et jaune-fort, avec des dessins en noir. Sur les murs, il y a des dessins de dragons, des figures sataniques, semblables à la façon dont les incarnés dessinent le diable.

Des rideaux jaunes et rouges dans un ton fort ornaient également l'endroit. Il n'y a pas de fleurs ou de plantes. Il y avait des chaises dans l'endroit. Puis nous sommes allés à la salle d'audience, ce qui était effrayant. Tout était noir, avec des décorations en or et en argent. Il y avait beaucoup de chaises, toutes noires et en ordre. L'endroit n'était pas sale du tout. Nous sommes également allés à la bibliothèque, il était grand, il contient de nombreux magazines et livres sur le sexe, beaucoup étaient des copies que les incarnés ont. Ils n'étaient pas en désordre. Ils sont sur les étagères, et il y a même ceux qui s'occupent des livres et des magazines.

J'étais proche d'Artur tout le temps, qui parlait peu. Nous étions des visiteurs et nous avons été recommandés d'éviter les commentaires. Nous avons marché dans les rues, à cette occasion, ils étaient raisonnablement propres. Les rues sont courbées et faites de pierres.

Il était temps de partir, Raimundo a remercié l'accueil. Il n'y avait pas de réponse, car ils pensent qu'ils sont importants. Quand nous sommes partis, deux gardes sont venus nous voir, pour voir si nous prenions quelqu'un de la ville. Nous n'avons aidé personne et n'avons vu personne qui voulait de l'aide. Nous n'avons pu voir que les résidents, qui ont fait de leur mieux pour nous montrer à quel point ils étaient heureux. Mais ils ne le sont pas, parce que leur joie est fausse. Personne n'est aussi heureux, dans les bons termes, loin du Père, de Dieu.

Raimundo a expliqué que ces visites ne sont pas toujours autorisées et que, sans autorisation, aucune excursion n'entre dans la ville. Et que les esclaves et les tortures sont cachés dans des opportunités comme celles-ci. Cependant, lorsque les sauveteurs pensent que cela est nécessaire, ils passent inaperçus et aident ceux qui demandent de l'aide.

Nous remercions les Samaritains, Artur et le personnel du Poste de Surveillance. Nous partons heureux, l'excursion est terminée. Nous sommes allés au Refuge et de là à la Colonie.

Dans la Colonie, nous avons reçu huit heures gratuites. Je suis allé voir grand-mère et mes amis. C'est bon de les revoir !

Après cela, nous avons eu la classe de conclusion. Il n'y avait pas grand-chose à demander. Seul James a demandé à Raimundo :

– Pourquoi beaucoup de ceux qui souffrent restent-ils dans les vallées et les trous et non dans leurs villes ?

– Parce que, dans les villes, ils ne veulent pas de ceux qui souffrent, les perturbés ou l'inconscient, parce qu'ils sont inutiles.

Nous avons tous été consternés de voir le Seuil. Mais maintenant, nous savions comment le traverser et venir à la rescousse.

À la fin de la classe, nous avons prié pour ceux qui y vivent et les avons remerciés de ne pas y être.

Heureux ceux qui font tous les efforts pour vibrer pour le bon. Heureux sont ceux qui, une fois désincarnés, sont dignes d'un lieu de joie. Bénis sont ceux qui suivent les enseignements de Jésus ; ceux qui apprennent, incarnent, ce que c'est de désincarné et de changer intérieurement pour être meilleur. Ceux-ci n'auront pas le Seuil comme demeure.

16.– Appareils et pensées

Nous avions une classe théorique sur les appareils utilisés dans le domaine spirituel. Malheureusement, je ne peux pas les décrire en détail pour deux raisons. Tout d'abord, je n'ai aucun moyen de les transmettre, et le médium, ne les connaissant pas, trouve cela difficile.

Deuxièmement, le Plan Supérieur ne m'a pas autorisé à les décrire en détail, parce que ce récit, étant public, peut également être lu par les méchants.

Il y a beaucoup d'appareils sur le plan spirituel. Ils sont tous beaux et utiles. Nous les connaissions déjà tous, beaucoup d'entre eux nous les avons utilisés pour des excursions et la vie quotidienne dans la Colonie. Aucun ne pollue ou ne cause d'accidents. Les accidents ne se produisent pas ici.

Je commence par raconter le merveilleux aérobus, véhicule de mobilité, un mélange d'autobus et d'avions, sert à voyager sur de courtes et longues distances, tant pour de petits groupes que pour de nombreuses personnes.

Les écrans, utilisés dans de nombreux Centres Spirite par des travailleurs désincarnés afin que les gens puissent voir les événements, en particulier du passé, sont légers, simples et très pratiques.

Il y a l'extracteur d'air, un appareil utilisé pour collecter les fluides, soit les bons, qui sont stockés ; ou les mauvais, pour nettoyer l'environnement. Il ressemble à un petit aspirateur que l'on trouve sur Terre, il est léger et pratique.

Il y a des dispositifs principalement utilisés dans les Postes de Secours, pour garder l'environnement à une température agréable. Ils s'installent dans une partie du bâtiment.

Il existe des dispositifs de surveillance et ceux qui mesurent les vibrations. Il y a aussi des dispositifs de défense et des lance-foudres, qui ressemblent à un lanceur de balle. Ils sont légers, et il y a ceux qui sont petits, huit centimètres.

Il existe également des appareils similaires à la télévision et les vidéos. Il y en a beaucoup, tous utiles et merveilleux.

Les Esprits de Seuil ont également beaucoup d'appareils qu'ils utilisent. Nous avons appris, en classe, à les utiliser et à les neutraliser.

En classe, nous avions connaissance de tous les appareils qui existent sur le plan spirituel. Nous avons appris à les utiliser, mais pas à les construire. Il y a des ateliers dans les Colonies pour de telles procédures.

Nous n'avions que la partie théorique, dans laquelle nous avons manipulé divers appareils. Nous n'avions pas non plus la classe de conclusion, parce que les doutes ont été résolus au cours de la classe théorique. Nous avons beaucoup parlé, échangé des idées. J'ai dit à mes collègues un fait de ma connaissance.

– Le Centre Spirite, que j'ai fréquenté, quand j'étais incarnée, a reçu, pendant une certaine période, l'aide d'un groupe d'Esprits venus d'un endroit appelé Colina. Ils sont tous orientaux, Fleur Bleue fait parti de ce groupe. Tous ces Esprits sont charmants, tout comme Fleur Bleue. Parmi eux, il y a un médecin spécial appelé Tachá. C'est un excellent constructeur d'appareils, mais le plus impressionnante est sa façon de guérir ses patients. Avec joie, grâce, bonté contagieuse, il enveloppe ses patients d'un chant doux et harmonieux, tandis qu'il récupère leur Esprit. Le résultat est surprenant. Après avoir été désincarné, j'ai demandé à Maurice, un ami médical qui a également travaillé avec cette équipe, pourquoi Tachá est si facile et rapide à guérir. Il m'a dit que pendant que lui, Maurice, guérissait le patient de l'extérieur vers l'intérieur, Tachá enveloppait le patient dans de la musique, lui faisant initier son propre changement interne, en s'aidant lui-même. Alors que nous, Maurice a dit, avec notre façon de tout faire seul, il fait le patient se récupérer pour lui-même ; d'où son habileté.

– Ces dispositifs ont été décrits dans le livre Violettes dans la Fenêtre.

Ensuite, nous avons eu une leçon sur l'influence de la pensée. Nous savons bien que nous pouvons influencer et que nous pouvons être influencés à la fois pour le bien et pour le mal. Les Esprits maléfiques peuvent nuire aux autres : désincarnés à d'autres désincarnés, désincarnés à incarnés, et incarnés aux autres incarnés.

– Dans la mesure du possible, ils devraient influencer, essayer de transmettre aux autres de bonnes pensées, de joie, de paix et d'amour – a déclaré Frederico.

L'Esprit a beaucoup de force. Les Esprits entraînés font beaucoup. Nous avons vu dans les films différentes façons d'utiliser la pensée, que ce soit en bien ou en mal.

Avec la pensée, on peut créer, donner forme aux objets. Nous avons essayé de façonner quelque chose. C'était une joie ! Il est certain qu'il faut beaucoup d'étude, de formation et de maîtrise de la pensée pour ce faire. Aidés par les trois instructeurs, nous avons réussi à façonner trois roses, qui ont rapidement disparu. Deux étaient des roses et la troisième était à moitié rouge, moitié jaune.

Nous avons beaucoup ri.

Fleur Bleue, a été invitée à participer dans la classe et nous donner une démonstration. Il sourit et, sans avoir besoin d'insister, s'assit silencieusement en croisant les jambes comme les moines, se tenait pensif pendant quelques minutes, et une boîte brune apparut. Une sorte de bijoutier. Qu'y a-t-il à l'intérieur ? Marcela a demandé.

– Pouvons-nous l'ouvrir ? – Nair demandé, curieuse.

Avec la permission de Fleur Bleue, nous l'avons ouvert. À l'intérieur, il y avait une plaque, semblable au bois, avec les mots suivants gravés sur elle : « La sagesse est la source de la prudence. » Nous avons applaudi, il était gêné.

– Magnifique ! – nous l'avons dit avec enthousiasme.

[173]

Nous savions à quel point nous pouvions faire avec notre pensée et que nous étions tous capables. Il suffit d'étudier et d'aimer !

– La personne qui donne les laissez-passer influence-t-il celui qui le reçoit ? – James a demandé à Raimundo.

– D'une certaine manière, oui, l'influence pour toujours. Les laissez-passer signifient des transfusions d'énergie. Ce sont des dons et, pour cela, celui qui donne les laissez-passer doit avoir quelque chose à donner. Que ce soit dans les Centres Spirite ou avec de bonnes personnes qui bénissent, ou ceux qui donnent des laissez-passer, il y a toujours à côté d'elles de bonnes personnes désincarnées qui aident à ces dons.

– Les laissez-passer sont-ils utiles ? – Gloria a demandé

– Oui, et beaucoup. Pour les malades, ils sont très utiles. Pour les obsédés, ils sont d'une grande aide. Pour les médiums qui ne travaillent pas avec leur médiumnité, c'est comme prendre une pilule pour un mal de tête ; l'effet est coupé pendant un certain temps, mais la cause n'est pas éliminée. Le laissez-passer doit être considéré comme un remède puissant et, comme tous les remèdes, ne doit pas être abusé. Il n'est pas correct de s'habituer aux laissez-passer et de devenir quelqu'un qui ne fait que les dépasser et de les prendre sans précaution.

– J'ai entendu dire que les laissez-passer, s'ils ne font pas bien, ils ne font pas ma – a déclaré Rosalia.

– Vous avez tort. Ils font juste le bien. Nous ne devons pas sous-estimer quelque chose d'aussi utile et si grave qu'il exige tant de la personne qui les donne. Le laissez-passer est une chose merveilleuse. À tel point que les spirites conscients prennent des cours, étudient et pratiquent tel événement. Et il devrait être plus valorisé.

Nous avons appris à donner des laissez-passer avant de visiter l'hôpital de Colonie, et nous l'avons appris dans la première classe. C'est simple, mais nous devons être conscients que nous transmettons ce que nous avons. Nous, désincarnés, pouvons donner des laissez-passer pour les incarnés, bien qu'ils ne soient pas comme ceux qui pourraient être reçus d'un médium, parce que nous n'avons pas de fluides matériels, mais ils sont toujours d'une grande aide.

Nous apprenons à fluidifier l'eau. Dans les Centres Spirite, et en général pour les personnes qui les fréquentent n'est qu'une source d'énergie. Les incarnés doivent toujours laisser de l'eau propre pour cela. Chaque fois que des impuretés sont trouvées, elles doivent être neutralisées. Il y a de l'eau séparée pour certaines personnes où sont placés les médicaments dont elles ont besoin. L'équipe médicale fait toujours cela, mais comme il y a beaucoup qui ont normalement besoin d'aide, alors nous apprenons à être utile là-bas.

Ces classes, bien que courtes, étaient d'une grande utilité.

17.- Création de la Terre

Dans la classe théorique que nous avons vu dans les films sur la création de la Terre à ses différentes époques. Tout est si beau ! Ces cassettes ont été psychométrisées depuis la Terre. Je les avais déjà vus dans les salles de vidéo, mais avec des amis et des instructeurs, mais avec des explications, c'était différent. Toute la création de Dieu est fantastique. La Terre a subi plusieurs transformations, mais elle est toujours belle.

L'inconnu nous fascine, tant le passé que le futur. Nous apprécions rarement le présent, qui est en fait la seule réalité avec laquelle nous pouvons vivre. Au niveau de la connaissance, il est nécessaire de revenir au passé afin que nous ayons un sens de l'évolution cosmique. Dans ce cours, avec gratitude de satisfaction, on nous a montré et nous ont expliqué un peu sur notre vaisseau spatial, la planète Terre. Nous écoutons très attentivement l'explication sur les débuts de la Terre et la race humaine, qui y est enracinée. Nous avons vu ses premiers habitants et comment les religions ont émergé. Il faut croire en nous tous. Notre Esprit connaît l'existence du Créateur. Nous avons passé plusieurs heures à regarder, sans nous fatiguer, ébloui par tant de beauté, la Terre, notre maison bénie. Cette leçon était si intéressante que nous ne voulions pas quitter la salle de classe tant qu'il y avait quelque chose à savoir. Nous avons vu les religions du passé. L'idolâtrie des dieux de la nature, comme le Soleil et la Lune. L'apparition des dieux du argileux et métal, des guerres, des atrocités au nom des religions, qui se disent maîtres de la vérité, et de nombreuses cruautés se sont produites dans le cadre de la religion. Ensuite, nous étudions les religions d'aujourd'hui en général, juste pour avoir une idée de la façon dont ils croient, agissent, et quels sont leurs objectifs.

Toutes les religions sont bonnes si elles sont suivies intérieurement, cependant, nous devons être prudents avec certains qui conduisent au fanatisme. Les religions sont des flèches dans la route, mais c'est à nous de marcher.

Les religions chrétiennes sont nombreuses, basées sur les enseignements de Jésus, qui sont interprétées de diverses manières. Mais peu d'entre eux essaient de suivre l'essence de leurs enseignements, se limitant à des actes extérieurs. Ceux qui facilitent le chemin de l'évolution sont ceux qui enseignent en raisonnant, en faisant que les gens comprennent et croient. Parmi ceux-ci se trouve le Spiritisme, qui enseigne pourquoi Dieu est juste, par les lois de la réincarnation et la loi de cause et d'effet. Il explique aussi ce qui se passe quand vous êtes désincarné.

La classe a été si bien expliquée qu'il n'était pas nécessaire de poser des questions.

Nous commencions la partie pratique et nous étions doublement heureux parce que, pendant vingt-quatre heures, nous allions nous rendre dans deux autres pays : l'Inde et le Vatican.

Nous sommes venus sur Terre dans l'aérobus. Nous sommes allés visiter plusieurs temples de notre religion et voir leurs services. Une prière sincère est entendue dans n'importe quel service. Il y a des gens bons et fidèles dans toutes les religions. Nous aimons regarder, entendre des prières.

Les gens qui prient sincèrement sont entourés de fluides agréables. Nous écoutons ses enseignements et nous nous sentons bien dans ses temples. Comme les enseignements religieux sont bons ! Dans de nombreux temples, nous avons été accueillis par les désincarnés. Beaucoup, lorsqu'ils sont désincarnés, restent dans les temples pour travailler, d'autres ne connaissent malheureusement pas leur état, mais ne font pas de mal aux autres. Ce sont ceux que nous avons essayé d'aider. Mais nous n'étions pas là pour cela, mais pour comprendre les différents Credos.

S'il y a de bonnes personnes dans les religions, il y a aussi de mauvaises personnes. Il y a ceux qui utilisent la croyance pour être malhonnêtes.

Beaucoup de mauvaises personnes font des erreurs au nom de Dieu, de Jésus. Mais heureusement, les bons faits l'emportent sur les méchants. Toutes les religions enseignent comment aimer Dieu, faire le bien et éviter le mal.

Nous sommes allés à plusieurs cultes de différentes religions et ils nous ont toujours bien accueillis. Nous respectons tout le monde, nous avons gardé le silence en faisant attention.

Nous avons visité les umbandistes. Umbanda est parfois mal compris. La plupart font bien, mais malheureusement il y a ceux qui se disent umbandistes et ne suivent pas l'exemple de la majorité. Leurs rituels sont magnifiques, avec des chansons d'une grande signification. Raimundo les a accueillis chaleureusement. Il est déjà connu, il amène toujours les étudiants pour les rencontrer. Il a demandé la permission et ils nous ont gentiment emmenés dans l'aile des visiteurs. Nous avons été laissés seuls pour que nous puissions observer. Beaucoup de sauvetages ont été effectués. Tous les gens désincarnés qui y travaillent s'habillent en blanc, sauf pour certains. Ils ont beaucoup de patience avec l'incarné et font tout ce qu'ils peuvent pour aider. Nous respectons beaucoup Umbanda et son travail.

Nous sommes allés voir le Candomblé. Les disciples désincarnés nous ont très bien traités, allant même jusqu'à faire un cadeau à Raimundo, qui nous a remerciés avec un sourire. C'est une copie de son livre. Leurs rituels sont différents. Nous avons tout vu en silence. Ils n'aiment pas les intrusions et ce n'était pas à nous, les visiteurs, de faire des suppositions. Leurs vêtements ont un but, leurs colliers, bref, tout ce qu'ils portent. Leurs désincarnés ont leurs propres Colonies, villes sur le Seuil, où il y a des hôpitaux, des écoles, de bonnes bibliothèques, et ils s'entraident. Il y a plusieurs Colonies dans tout le Brésil.

Il y a Quimbanda. Elle ne donne pas la permission de voir ses rituels. Ce sont des groupes de personnes incarnées qui se joignent à des personnes désincarnées qui, pendant un certain temps, suivent d'autres chemins.

Ces groupes d'incarnés agissent comme ça presque toujours pour leur faciliter la vie. Mais cette aide est illusoire. Ils échangent des faveurs les uns avec les autres et font beaucoup d'erreurs.

Nous avons vu, de loin, des personnes incarnées et désincarnées faire de la macumba, du travail sur les sortilèges. Nous avons remarqué des entités obscures, vivant dans les villes de Seuil, qui viennent recevoir les offrandes.

Ces séparations sont rares après la désincarnation. Ici, nous avons vu le Candomblé aider seulement ses disciples et certains de ses admirateurs. Les disciples de Candomblé n'acceptent pas les directives des Colonies existantes, c'est pourquoi ils ont créé leurs propres noyaux. À l'avenir, il y aura l'unité, avec la croissance spirituelle de tous.

Nous savons que le mal existe, il a de la force, mais le bien a beaucoup plus.

Nous avons également vu des offrandes de gratitude, et à ces réunions que nous avons pu approcher. Ils sont presque comme des promesses, ils demandent, reçoivent et donnent. D'autres ne sont satisfaits que du montant qu'ils reçoivent.

Nous sommes allés à la visite tant attendue à l'étranger. Tout d'abord, l'Inde, terre du mysticisme.

– C'est la première fois que je suis à l'étranger ! – s'exclamait Gloria avec joie.

– Moi aussi – répondis-je.

Nous ne sommes pas allés voir le plan spirituel, mais le plan matériel. Ses temples sont charmants. Nous avons appris que Gandhi est dans l'espace spirituel de l'Inde, travaillant pour son pays bien-aimé. En peu de temps, je n'ai pu voir que peu de choses. Les Indiens sont presque toujours très religieux, leurs religions, contrairement aux religions chrétiennes, font l'objet de nombreuses controverses. Les lieux sacrés ont une énergie très forte et sont protégés par d'innombrables désincarnés.

Nous avons visité certains comme celui-ci et, dans un beau temple, il a été écrit en indien, sur le plan spirituel, ce qui nous a été traduit : « Dieu, qui est partout, est présent ici par la démonstration de l'amour. »

Nous croyons que tout est beau. Nous avons volé de l'Inde au Vatican. Quand nous y sommes arrivés, une équipe désincarnée a analysé notre autorisation de visite et seulement alors nous a permis d'entrer.

– Ils le font parce que le Vatican est la cible d'innombrables attaques – a expliqué Mme Isaura.

D'innombrables Esprits qui souffrent et errent, y vont pour obtenir de l'aide, et la plupart sont sauvés aux portes d'entrée. Le Vatican est entouré sur le plan spirituel. Il y a plusieurs gardes et sauveteurs qui y travaillent pour aider.

Nous visitons les lieux autorisés pour les visiteurs incarnés. Les beautés matérielles sont nombreuses. Le catholicisme a beaucoup hérité des religions païennes. Certaines images de saints étaient autrefois des idoles

[181]

païennes. Dans les lieux de foi, la prière, les fluides sont agréables. Nous avons appris que des changements auront bientôt lieu dans le catholicisme.

Nous avons vu un grand nombre de sauveteurs travailler, s'occuper ou recevoir des demandes de l'incarné, dans un travail incessant. Plusieurs d'entre eux. Ils étaient religieux incarnés.

Dommage que ces excursions étaient courtes, ils ne nous ont pas donné l'occasion de visiter la partie matérielle. Mais ils étaient inoubliables. J'ai trouvé tout beau !

Nous sommes retournés au Brésil, notre région, et sommes allés voir quelques Centres Spirite. La simplicité et la compréhension de la vérité font que ces lieux humbles se transforment en sources de bénédiction et de lumière. Comme j'étais un spirite quand j'étais incarné, c'est avec une grande joie que j'ai visité les Centres Spirite. J'aime le Spiritisme !

Dans les Centres que nous avons visités, nous avons été bien accueillis. Tout le monde connaissait Raimundo et Mme Isaura, qui ont été embrassés avec affection. Là, nous pourrions demander à volonté. Mes compagnons ont posé de nombreuses questions. Je regardais tout avec amour. C'étaient des excursions super agréables.

18.– La Conférence et la Foire du Livre Spirite

J'ai été très heureux quand nous sommes allés au Centre Spirite où mon père travaille. Voir des amis à nouveau fait du bien à mon cœur. La réunion a commencé, et il y avait un grand nombre de personnes incarnées et désincarnés ont écouté la conférence du soir pour écouter mon père. Comme il le fait toujours, il parle avec clarté et d'une voix agréable :

– Si nous voulons approcher Dieu, nous devons enquêter pour en savoir un peu plus sur sa façon d'être.

« Les activités humaines ont, dans le désir d'acquisition, l'élément qui les soutient. En conséquence, nous sommes tous égoïstes, atteignant des niveaux mentaux ou psychiques.

« Nos frères inconscients ou semi-conscients, lorsqu'ils cherchent la préservation de l'individu, ne vont pas au-delà de ce qui est nécessaire à leur survie et à l'accomplissement de leurs devoirs. Dans ces soi-disant manifestations, nous pouvons voir le Dieu Créateur agir sans interférence dans la liberté de l'individu, ce qui n'arrive pas dans le domaine de l'être humain. Maintenant, si je veux avoir une bonne relation avec un individu, je dois le connaître, et goûter les mêmes choses que lui, aimer ce qui est à lui et, si possible, penser comme lui. »

« Pourquoi les fleurs sont belles et parfumées ? C'est une question intéressante qui nous amène à méditer et, en méditant, nous arrivons à l'intuition. Pour la personnalité, tout a une raison ; chaque chemin ou chaque action a une fin en principe. Nous ne pouvons concevoir d'agir sans une fin personnelle. Nous vivons dans l'activité de la pensée, un dossier du passé collectif et privé, c'est pourquoi nous ne nous rendons pas compte que l'action cosmique n'a pas besoin d'aller n'importe où, un gain ou une fin.

« Beaucoup diront que les fleurs sont belles et parfumées parce que Dieu voulait embellir et parfumer l'environnement et la vie des hommes. Quelle prétention ! La beauté, la pureté et le parfum de la fleur innocente ornent aussi l'existence du rebelle, du farceur, de l'égoïste, de l'inhumain qui peut s'opposer au Créateur, qui le soutient dans tous ses besoins. De plus, pour le Père, qui aime vraiment, les aspects extérieurs ne changent pas sa façon d'aimer. Il aime toutes ses manifestations, parce qu'elles font partie de lui. En fait, il est lui-même, parce que rien n'existe en dehors de Lui. Non, ce n'était pas à cause de l'homme que Dieu a créé les fleurs.

« Alors pour eux, y a-t-il une raison pour laquelle ils ont tant de parfum et de beauté ? Aucun. Ils sont ce qu'ils sont, par leur nature intérieure même, peu importe qu'ils le voient ou non. Ils peuvent être dans un jardin parmi les hommes ou dans les bois où personne ne les voit. Peu importe où ils naissent, ils seront toujours une manifestation d'une beauté agréable.

« De la même manière, il doit être les hommes, seulement avec une différence, ce que la fleur est de l'innocence, doit être l'homme par la sagesse. L'homme a la liberté d'être la plus belle manifestation de l'Éternel. Beaucoup sont contre, et c'est le cas de la plupart. D'autres, libres et conscients de la Divinité, s'intègrent à Lui, commencent à refléter l'Éternel, saturant la Terre de lumière, de beauté, de parfum et, surtout, de l'amour inconditionnel que tout implique dans son affection protectrice.

« Et les violettes ? Seraient-elles envieuses des roses ou voudraient-elles un jour devenir des roses ? Non ! Les violettes sont heureuses d'être ce qu'elles sont ; heureuses d'être des manifestations du Créateur, sans réclamer aucune justice à Celui qui est tout, car tout ce qu'elles sont Lui appartient et elles n'en possèdent rien.

« Le bon homme doit être bon, car c'est sa nature, et ne pas recevoir de prix et de louanges. Peu importe que les autres voient sa bonté ou non. Il doit être comme les fleurs, qui ne choisissent pas un lieu ou ne demandent pas de reconnaissance pour ce qu'elles sont vraiment.

« Nous devons imiter les fleurs, dont la joie et le bonheur réside dans l'attitude permanente de refléter la belle, la parfumée, l'impondérable. Notre paradis n'est ni au-delà ni ici, il est en nous-mêmes. »

– Quelle belle conférence ! – Ivo s'écria.

– Tu devrais être fier de ton père, hein Patricia ? – James a dit, souriant.

Je viens de sourire. Oui, j'étais heureuse et embarrassée des compliments de mes camarades de classe pour la belle conversation de mon père.

En fin de compte, une belle douche de liquides sains rempli la salle et nous a saturés d'énergies. J'ai pleuré d'émotion, j'aime mes parents et les regarder étudier, travailler pour le bien me rend très heureuse. Savoir qu'ils sont en communion avec le Père est pour moi un bonheur. La réunion s'est terminée avec beaucoup d'avantages. Nous sommes restés là quelques minutes à discuter.

Maurice m'a embrassé affectueusement :

– Alors, comment va ma chérie ?

– Ravie du cours – répondis-je.

Nous sommes retournés à Colonie où nous avons passé quelques heures libres. J'en ai profité pour écrire ce que j'ai entendu, ce que j'ai appris au cours et lire un peu.

Le lendemain matin, nous sommes allés visiter plusieurs stands de livres et librairies spirites. C'est magnifique !

Il est toujours agréable de se trouver parmi de bons livres.

– Les stands spirites et les librairies sont gardés vingt-quatre heures par jour – a expliqué Raimundo. Lorsque le livre spirite a commencé à se démarquer, à éduquer et à enseigner, l'obscurité a commencé à attaquer. Donc, nous avons dû nous défendre. Le travailleur ou les travailleurs exercent non seulement la fonction de vigilance, mais guident également, par intuition, les vendeurs et les acheteurs, pour nettoyer l'environnement.

– Si vous êtes attaqué par une phalange, d'un grand groupe, que fait le travailleur ? – Lauro demandé.

– Presque toujours – a répondit Raimundo, ces attaques sont planifiées, et les équipes qui travaillant dans les Centres Spirites viennent ici. S'il n'était pas possible de le savoir avant, lorsqu'il est entouré, le travailleur déclenche une alarme et en quelques secondes il reçoit de l'aide.

– Ce sont les anges des livres – a dit Zé –, de bonne humeur. Après avoir été là, nous sommes allés visiter une Foire du Livre Spirite. Si les incarnés travaillent à les organiser, le travail des désincarnés n'est pas peu. Un conseiller désincarné est venu nous accueillir gentiment.

– Sentez-vous à l'aise.

– Comme est votre travail ? – Luis a demandé

Le conseiller a gentiment expliqué. C'est un Esprit de sympathie sans limite. Connu parmi les incarnés et les désincarnés, il est très friand de bonne littérature. Malheureusement, il n'est pas possible pour nous de dire son nom parce que, comme il l'a dit, son travail est temporaire. Il le laissera bientôt à quelqu'un d'autre.

Nous sommes heureux de ce que nous faisons, nous sommes un groupe de cinquante Esprits. Nous coordonnons les foires dans tout le Brésil. Lorsque l'organisation d'une foire commence, nous avons un petit groupe qui va avec les incarnés, pour les aider à former les bases et les protéger. Quand ils commencent à organiser la foire, nous les aidons. Comme l'incarné tourne, nous aussi.

– Quel est votre rôle à la foire ? Gloria a demandé.

– Tout d'abord, regardez, protégez contre les attaques des frères qui sont ennuyés par la lumière que l'enseignement chrétien apporte toujours. Nous sommes ici pour guider, passer, purifier l'environnement, aider les désincarnés qui ont accompagné les incarnés, et ceux qui viennent chercher de l'aide.

– Si deux foires ou plus se produisent en même temps, que faites-vous ? – Luíza a demandé

– L'équipe de cinquante est grande, nous devons donc partager. Mais si nécessaire, la Colonia Casa del Escritor (Maison de l'Écrivain), dont les habitants travaillent pour la bonne littérature, nous envoie plus d'aides. Les foires se multiplient et nous espérons qu'à l'avenir toutes les villes les auront.

– Et quand il n'y a pas de foire ? – Zé a demandé.

– Nous ne faisons rien, nous aidons toujours les personnes qui s'occupent d'une manière ou d'une autre des journaux spirites et de leurs éditeurs, et nous encourageons les gens à lire, etc.

– Quel beau travail ! – je me suis exclamé.

– Tous les travailleurs de l'équipe sont-ils présents ? – Rosalia a demandé.

– Non, nous avons l'équipe de la ville qui nous aide, qui vient nous rejoindre dans une tâche collective et agréable. Dans chaque ville où a lieu la Foire du Livre

Spirite, les travailleurs locaux s'organisent pour travailler en plus afin d'aider les incarnés.

– Êtes-vous de service aussi ? – Ilda a demandé

– Oui, pour que tout le monde participe et aussi parce que beaucoup d'entre nous ont d'autres œuvres avec la littérature spirite.

Nous regardons les livres, ravis.

– Les incarnés qui le souhaitent peuvent avoir ces belles œuvres qui guident, réconfortent et expliquent – a déclaré Mme Isaura.

Nous sommes restés à regarder pendant des heures. Les travailleurs ont maintenant senti les vendeurs, ils ont maintenant aidé les acheteurs et les visiteurs. Beaucoup de gens désincarnés s'y sont rendu, accompagnant parfois les incarnés, parfois curieux. Lorsque l'incarné de garde s'adresse au visiteur, le travailleur s'adresse poliment au désincarné et un dialogue se produit ; presque toujours le désincarné est emmené à un sauvetage ou l'un des Centres Spirites de la ville pour l'orientation.

Vue de loin, la Foire est un point lumineux, où les malades viennent chercher de l'aide.

– Nous avions déjà une étrange forme d'attaque – nous a dit un travailleur –. Les habitants du Seuil ont rassemblé un grand groupe d'Esprits qui erraient, ont souffert et nous les ont amenés, en attendant qu'ils gâchent l'endroit. Mais quand ils ont vu la lumière émise par la Foire, ils se sont agenouillés pour demander de l'aide. Un conseiller s'est adressé à eux, expliquant leur situation comme désincarnés et leur besoin d'aide, a prié avec eux. Ils ont tous été sauvés sans problème. Depuis, ils n'ont pas fait ce type d'attaque.

Nous avons vu un petit groupe de frères du Seuil regarder la Foire de loin.

– Que ferez-vous si vous approchez ? – Cida a demandé au conseiller.

– Nous leur parlerons, nous accueillons toujours tout visiteur. S'ils nous attaquent, les lance-foudre fonctionneront ; si l'attaque est plus grande, immédiatement les bons travailleurs de la ville viennent à notre aide, d'ailleurs la tente est entourée par des milliers d'aides.

– Très intéressant ! – Marcela a dit –. Y a-t-il beaucoup d'attaques ?

– Aux premières foires, il y avait plus. Maintenant, il n'y a presque rien. Ils préfèrent décourager les organisateurs incarnés, mais le Spirite est têtu et, quand il s'agit de faire le bien, célébrer la Foire, beaucoup résistent fermement avec notre souffle.

Si les incarnés aiment la foire, les désincarnés qui travaillent là, ils l'aiment mieux. La joie et l'affection y règnent.

Combien d'aides sont fournies lors d'une foire ! Et le plus important : combien de bons livres circulent et sont enseignés ! Nous sommes revenus enthousiastes ; la conclusion de la classe n'était que des dialogues. Nous aimons tous visiter les Centres Spirites, les librairies, les kiosques et, principalement, la Foire du Livre Spirite.

19.- Vices

Mme Isaura a commencé la classe en parlant des addictions en général, et a donné une définition :

– L'addiction est l'utilisation habituelle de tout ce qui nous fait du mal. C'est l'habitude de faire le mal. L'addiction est une maladie complexe qui exige la volonté de s'en débarrasser. Pour guérir, il est nécessaire de le faire face et de le surmonter ; s'il n'est pas vaincu, il devient son esclave. Nous ne serons libres que si nous n'avons pas des addictions. Ils sont tous nocifs pour ceux qui en ont. Parfois, une ou deux que nous avons eues ont assombri les vertus que nous avons acquises.

Notre instructrice a fait une pause et a continué :

– Il y a beaucoup de vices et parfois nous ne les avons pas forts, mais même un peu d'entre eux nous dérange beaucoup. Je citerai les plus connus : l'agression, l'alcool, l'ambition, l'attachement matériel, l'avarice, la calomnie, la jalousie, la colère, le tabagisme, la gourmandise, la non-conformité, l'envie, le jeu pathologique, la diffamation, les mensonges, l'oisiveté, l'orgueil, la pornographie, la plainte, le vol, la drogue, l'usure, la vanité. Je ne pense pas qu'on ait besoin de les décrire. Mais si quelqu'un veut poser une question sur un, n'hésitez pas.

– Je ne pensais pas que l'agression était une addiction – a déclaré Ivo.

– Il y a des gens qui, nerveusement, attaquent pour faire du mal aux proches. Ils ont la mauvaise habitude d'être violents. Le pire, c'est que beaucoup d'agresseurs ne reconnaissent pas qu'ils sont dépendants.

– J'ai rencontré une dame – dit Rosalia –, qui vivait, incarnait, se plaignait. Elle est devenue détestable. Quel que soit le sujet abordé avec elle, elle trouvait un moyen d'introduire les maladies dans la conversation, et les plaintes commençaient.

– Nous devons faire attention à ne pas nous plaindre, non seulement parce que nous sommes désagréables pour ceux qui nous écoutent, mais parce que nos peines ont seulement tendance à augmenter et, ne voyant que de mauvaises choses, nous oublions les bonnes.

– Mon père était alcoolique – a dit Luis. Il s'est désincarné à cause des problèmes que l'alcool lui a causés. Il a beaucoup souffert quand il s'est désincarné. Pendant des années, il a erré dans le Seuil, fou de boire et de vouloir vampiriser incarnés afin qu'il puisse se saouler sur eux. C'était très triste ! Il a déformé son périsprit, il ressemblait à un animal, jusqu'à ce que ma grand-mère, sa mère, puisse l'aider. Maintenant, il est dans un hôpital d'une autre Colonie. Il a tellement blessé son cerveau que je ne pense pas qu'il va se réincarner parfaitement.

– C'est vrai, Luis – a dit Mme Isaura –. Lorsque nous endommageons le parfait par les addictions, nous pouvons nous réincarner avec des carences pour apprendre. Mais ce fait n'est pas une règle générale. Ton père, sauvé, peut récupérer.

– Mais quand vous êtes incarné, vous pouvez devenir alcoolique, n'est-ce pas ? – Luis a demandé à nouveau.

– Nous ne nous débarrassons de l'addiction que lorsque nous nous montrons que nous sommes capables. Si par choix nous sommes prêts à le combattre et à le vaincre. Dans la prochaine incarnation, vous pouvez avoir la volonté, même si vous avez souffert, et la douleur, ce compagnon sage, vous a fait sentir une aversion à boire. Je connais un Esprit qui, dans l'incarnation passée, était alcoolique ; elle s'est désincarnée, a souffert, et aujourd'hui est un excellent médium ; elle n'aime pas l'odeur des boissons alcoolisées.

– A-t-elle surmonté sa dépendance ? – J'ai demandé

– Oui, elle l'a battue. La douleur lui a fait apprendre.

– Est-ce que toutes les addictions nous conduisent à la douleur ? – Lauro a demandé.

– Cela dépend également des dommages qu'ils peuvent causer. Exemple : si nous fumons dans un endroit ouvert loin des autres, nous ne faisons que nous blesser nous-mêmes. Si c'est de la calomnie, tu peux blesser les autres. Il y a des vices qui ne sont pas accentués et n'ont pas causé de dommages majeurs, d'autres sont forts, enracinés et causent beaucoup de dommages.

– J'ai une sœur qui est née muette. J'étais désolé pour elle. – Nair a dit tristement –. Quand je me suis désincarné, je voulais savoir pourquoi. Ce fait m'a beaucoup dérangé parce que je pensais que c'était injuste.

Mon père, qui s'est désincarné depuis longtemps, a dit qu'elle avait été une calomniatrice dans sa précédente incarnation. Elle a causé beaucoup d'intrigues, endommageant beaucoup. Elle s'est désincarnée, a beaucoup souffert, et des remords destructeurs ont endommagé ses cordes vocales, et elle s'est réincarnée en muette.

– Comme cela a déjà été dit, ceux qui abusent du parfait peuvent avoir des carences pendant un certain temps. Chaque cas est différent. Tous les muets n'étaient pas des calomniateurs. Les causes peuvent être différentes pour le même effet.

– Parlera-t-elle quand elle sera désincarnée ? – Nair a demandé.

– Cela en dépendra ; si elle était bonne à cette réincarnation, elle aura de l'aide et parlera bientôt. Sinon, elle errera ou ira au Seuil, en restant silencieuse jusqu'à ce qu'elle soit sauvée.

– J'ai un ami – dit Joaquim – qui travaille actuellement avec moi au Poste de Secours. Il m'a dit qu'il souffrait beaucoup quand deux addictions l'ont désincarné, le jeu et le tabagisme.

Il s'est désincarné et a voulu continuer à fumer et à jouer aux cartes. Il craint que, lorsqu'il se réincarnera, il continuera à être dépendant.

– On ne doit pas se réincarner dans la peur. Dites-lui, à la prochaine occasion, de continuer à travailler et, si possible, d'étudier. Il ne peut se réincarner que lorsqu'il est sûr.

– Si vous êtes sûr, alors vous ne tomberez pas à nouveau dans la dépendance ? – Joaquim a demandé.

– C'est une garantie supplémentaire. Si même les plus préparés peuvent faire des erreurs à nouveau, imaginez ceux qui pensent qu'ils vont succomber.

Dans la classe pratique, nous sommes allés visiter, dans la Colonie, l'aile de l'hôpital où se trouvent ceux qui se désintoxiquent du tabac et de l'alcool. Ils sont tous séparés. Tout d'abord, nous sommes allés rendre visite à ceux qui ont un traitement de désintoxication du tabac et qui étaient de bonnes personnes, dont certains sont des spirites. La visite a été agréable, tout le monde était au courant à la fois de leur désincarnation et de leur traitement. Nous avons vu que tout le monde était un peu gêné de ne pas se débarrasser de l'addiction quand ils étaient incarnés.

– Ils restent ici pendant un certain temps –, dit Frederico.

Le deuxième service était pour les alcooliques. Malheureusement, l'alcool endommage beaucoup plus le périsprit.

Nous avons parlé à certains d'entre eux et les avons encouragés. Une dame m'a dit :

– J'ai honte d'avoir tant succombé à une addiction. Incarnée, j'ai abandonné mes parents, mon mari et mes enfants. Je ne me souciais pas de l'affection, ni de personne d'autre. Je me suis désincarnée et j'ai souffert. Jusqu'à ce que, fatiguée, je me suis souvenue de Dieu, et pendant longtemps crié à l'aide. Mais, tu sais, je ne vais pas encore bien, je veux boire.

Elle a pleuré, j'ai eu pitié d'elle. Nous lui avons donné un laissez-passer. Quand je me suis concentré sur elle, j'ai vu qu'elle était désemparée, voulant se saouler.

– C'est comme ça au début – a expliqué Raimundo – . Mais bientôt tu te sentiras mieux. La Colonie vous fournira des objectifs sains et il n'y a rien comme un bon et sérieux objectif pour vous aider à oublier et surmonter une dépendance.

L'infirmerie où sont les nouveaux arrivants qui étaient dépendantes à l'alcool est une cause de tristesse. Tous ont été marqués de telle manière que les périsprits ont été déformé. Nous avons prié et leur avons donné des laissez-passer, la plupart d'entre eux se montrant avec un regard étonné.

Les drogués sont dans une salle séparée de l'hôpital. Elle est fermée et ils ne peuvent pas partir sans autorisation.

Dans le jardin qui fait partie de cette aile sont ceux qui sont sur le point d'être libérés. Nous les avons rejoints. Ils étaient déjà avec le périsprit reconstitué et puis nous avons parlé. Ils voulaient savoir à quoi ressemblaient les autres installations dans la Colonie où nous avons étudié. Ils n'aiment pas parler d'eux ou de drogues. Ce fait ramène de mauvais souvenirs. Puis nous sommes allés voir ceux dans les salles. Ce n'est pas agréable de les regarder. Beaucoup de jeunes étaient là, déformés, certains avec des aspects animaux, la plupart du temps fous, d'autres ne parlaient même pas, ils hurlaient. C'est dur de parler à ceux qui sont dans cet état, ils ne comprennent pas.

– Frederico – a demandé Gloria – se rétablissent-ils tous ?

– Malheureusement non. Beaucoup de ces frères non seulement souffraient de toxicomanie, mais étaient aussi agressifs, calomniateurs, paresseux, ont fait beaucoup d'erreurs ; l'addiction destructrice et le remords ont tellement endommagé le périsprit que nous ne pouvons pas les récupérer quand ils sont désincarnés. Seul un nouveau corps, dans la matière, les aidera.

– Le feront-ils en tant que personnes handicapées ? – Gloria a demandé, étonnée.

– Oui. Ils vont se faire du mal. La réincarnation sera une bénédiction qui les guérira.

Nous avons visité une partie de l'école où il y a des conseils qui aide à libérer les addictions, mais pour les toxicomanes il y a une salle spéciale à l'hôpital. C'était très intéressant, les conseillers sont très sympathiques et bien informés. Ils y assistent sur rendez-vous. Comme nous ne voulions pas interrompre ou embêter les conseillers, la visite a été rapide. Raimundo a commenté :

– Nous avons tous toujours de l'aide, ce qui nous permet d'arrêter plus facilement le vice. C'est juste vouloir.

Un homme dans la salle d'attente connaissait Raimundo et est allé dire bonjour. Très gentil, il nous a accueillis en souriant et a dit :

– Que Dieu les aide que personne d'entre vous à traverser ce que j'ai vécu. Pour avoir menti, j'ai beaucoup souffert. Je suis horrifié de mentir et je me sens étouffé juste penser à le faire à nouveau. Je suis en traitement ici à l'école. Je veux tellement me libérer du vice du mensonge, et aussi de l'horreur que je dois le refaire. Il faut que je m'équilibre.

Quand nous sommes partis, Marcela a fait remarquer à Raimundo :

– L'horreur de mentir peut-elle vous blesser à nouveau ?

– Oui, vous pouvez, haïr, ressentir l'horreur, ce n'est pas bon du tout. Nous devons éviter les addictions avec compréhension. Il n'est pas facile d'abandonner une dépendance, vous devez d'abord être conscient que vous l'avez et ensuite faire tout ce que vous pouvez pour vous en débarrasser.

Quand nous nous incarnons, nous montrons que nous en sommes libérés, ou nous nous efforçons de le combattre. Cet homme craint que lorsqu'il se réincarne, il mente à nouveau et souffre à nouveau de tout. Mais, avec les conseils qu'il reçoit, il aura une grande opportunité de comprendre et d'apprendre. Celui qui apprend et le met en pratique surmonte la dépendance.

Nous ne sommes pas venus voir les toxicomanes incarnés. Il serait plus facile de voir ceux qui n'ont pas de dépendance, car il y en a très peu.

Les vices font malheureusement partie de la vie de terrien.

Nous sommes retournés en classe pour regarder les films sur les substances toxiques. Nous connaissons les plantes qui les contiennent, comment elles sont raffinées. Nous avons vu comment les médicaments voyagent à travers le corps et ce qui arrive au cerveau ; comment on devient dépendant.

– Comment les drogues sont si mauvaises pour le corps et l'Esprit ! – s'est exclamé Cida, malheureusement –. Comment la drogue fait des esclaves !

Puis nous avons vu de nombreux noyaux, des villes sur le Seuil, où les toxicomanes se rassemblent. Ces noyaux ne sont généralement pas très décorés, mais bien fermés, il n'est pas facile d'entrer ou de sortir de là. Les films ont été réalisés par des sauveteurs qui, déguisés, sont entrés et ont tout filmé. Ils sont entourés de murs hauts et forts, leurs bâtiments ont peu de fenêtres et presque tous ont des bars ; le plus terrible, ce sont les caves où se trouvent les prisons.

Dans ces centres, il y a des chefs qui ne sont presque toujours pas dépendants à la drogue ; il y a beaucoup de gardes et d'érudits sur le sujet. Il y a des laboratoires où la recherche est effectuée. Salles de bal et conférences. Il y a un endroit qu'ils appellent une école, où ils apprennent à vampiriser, à s'obséder, à se venger, à intuiter les incarnés intolérants à consommer de la drogue. Les centres ont toujours des bibliothèques, où, en plus de la littérature terrible, il y a beaucoup de livres et de magazines sur les substances toxiques. Ces centres sont destinés à promouvoir et à pratiquer des addictions telles que le tabagisme, l'alcoolisme et aussi les abus sexuels. Tout est sale et répugnant.

Au Brésil, il y a des groupes comme celui-ci, de différentes tailles. Les plus grands sont ceux dans l'espace spirituel de la ville de Rio de Janeiro et Sao Paulo.

J'ai compris pourquoi les drogues se déforment autant. Un toxicomane ne se soucie de rien, il se décompose de plus en plus.

Nous avons vu beaucoup de noyaux et je l'ai beaucoup désolé.

– Voici Marcelo et Fábio, deux anciens toxicomanes, anciens résidents de *Valle de las Muñecas* (Vallée des Poupées). Ils sont venus pour répondre à quelques questions et nous parler.

C'était une agréable surprise, les deux étaient jeunes, joyeux et gentils. Fábio a immédiatement dit :

– J'étais comme ça avant que je devienne dépendant, puis je suis devenu un chiffon humain. Je me suis désincarné de tant de drogues. J'ai vécu longtemps à Valle. Mais ma famille, très catholique, a prié dans la foi pour moi. La prière m'est venue pour m'éclairer, me donner de la clarté, puis j'ai voulu changer. Un jour, alors que nous étions en train de vampiriser un jeune homme, le groupe et moi étions entourés d'un groupe d'étudiants comme vous. J'ai demandé de l'aide, ils m'ont emmené à l'hôpital, ils m'ont admis et m'ont soigné pendant longtemps. Maintenant, je suis au service de la communauté qui m'a accueilli.

– Qu'avez-vous ressenti lorsque vous étiez dans la vallée ? – Gloria a demandé.

– Je pensais juste à me droguer. Désincarné, je ressentais plus le manque de la drogue. 'ai fait tout ce qu'ils m'ont dit pour obtenir la drogue.

– Avez-vous été très déformé ? – Ivo voulait savoir.

– Oui. Un jour, quand j'étais dans une pièce avec un homme incarné pour que je puisse profiter de la cocaïne ensemble, je me suis regardé dans le miroir et j'ai eu peur. J'avais peu de souvenirs de mon état de santé.

– Marcelo, et que vous est-il arrivé ? Comment es-tu devenu dépendant ? – Rosalia a demandé.

– J'étais un peu perdu, oisif et j'ai rejoint d'autres drogués. J'ai été drogué pendant deux ans et demi.

Je me suis désincarné à cause d'une overdose. Ils m'ont emmené dans la vallée. Je pensais que c'était terrible et, au début, j'ai consommé de la drogue, mais peu, juste pour faire face à l'angoisse d'être là. Donc, je n'ai plus voulu et j'ai essayé de m'échapper, j'ai été attrapé et torturé. C'était horrible, j'ai beaucoup souffert. Un jour, des sauveteurs infiltrés sont venus là, ils ont fait ça périodiquement et m'ont relâché.

Comme je voulais me débarrasser de cette dépendance, le traitement a été rapide et j'ai été vite guéri.

– Qu'avez-vous ressenti d'autre dans tout cela ? – Marcela a demandé.

– La douleur que j'ai causée à mes parents.

Les drogues sont une terrible dépendance, et les conséquences sont très tristes. Pendant des heures, ils nous ont parlé tous les deux.

Ensuite, nous visitons le Poste de Secours local, où ils sont sauvés, et là, les toxicomanes restent les premiers jours. Il est appelé le Poste de Soutien. Beaucoup de travailleurs y vivent. Ce n'est pas grand, mais il y a des clôtures et de gros lance-foudres. Ce Poste est très attaqué. Il est situé sur le Seuil. Nous sommes allés en aérobus. Sa cour est belle, fleurie, a des fleurs bleues qui ressemblent à des hortensias et sont délicates. Il a beaucoup de bancs, où les travailleurs se reposent. Il dispose d'une salle de lecture, cafétéria, maisons pour les travailleurs et les salles, spacieuse et très propre. Les réfugiés sont séparés, selon le statut de l'autre. Il n'y a pas beaucoup d'y séjourner, car après un certain temps, ils sont transportés à la Colonie. Lorsqu'il y a des postes vacants, ils obtiennent de l'aide d'autres endroits. Les dépendantes nouvellement sauvés se séparent en fonction de leur situation. Les lits pour les personnes agitées sont recouverts de draps magnétiques qui maintiennent le patient au lit, sans le priver du mouvement. Nous aidons les travailleurs à les nettoyer et à les nourrir. Beaucoup ne parlaient même pas, ils hurlaient comme des animaux.

Il faut beaucoup de travailleurs pour aider les personnes intoxiquées. C'est pourquoi, dans la Colonie, ils encouragent toujours la coopération de tous. C'est pourquoi pendant les congés et les vacances des travailleurs dans les Colonies et Postes, tels que les professeurs, les médecins, etc., et beaucoup d'autres se joignent à ces serveurs de manière désintéressée, ils sont comme des multitudes aidant les frères téméraires tombés dans la dépendance.

L'aide n'est pas facile, parce que le dépendant ne veut presque pas toujours renoncer à l'addiction.

Nous étions très disposés à nous aider les uns les autres, nous avons travaillé dur et obtenu peu de résultats, mais cela nous a rendu heureux.

Dans la classe de conclusion, nous n'avions pas grand-chose à demander. C'était un sujet facile à comprendre, mais très difficile à réaliser. Il y a peu de libertés, beaucoup essayant de se libérer et une grande partie, esclaves des addictions.

20.– Remerciements

Le jour s'est levé magnifique, comme tous les jours à Colonie. Notre dernière classe devait avoir lieu : notre cours était terminé. J'étais pensive. Sur mon écran mental, les événements que nous vivons apparaissent, comme dans un film. Une émotion aimante a surgi dans mon âme. J'aimais tout le monde, et à ce moment-là, je sentais que ce n'était pas l'égalité d'affection pour tous. J'ai pensé à un à la fois et j'ai vu avec une grande joie que Dieu, en nous créant, n'a pas fait de copies, mais nous a donné la capacité d'aimer indistinctement, en voyant les valeurs particulières qui se dégagent de chacun. Dans l'un, j'ai particulièrement aimé sa spontanéité ; dans un autre, la capacité d'abnégation ; dans un autre, la simplicité ; dans un autre, la gentillesse ; et dans beaucoup, l'intelligence. Par conséquent, les qualités naturelles de chaque personne brillaient dans mes yeux. Et il me semblait que l'amour, le voyant de cette façon, s'est multiplié en moi, même s'il n'y avait aucun moyen de le mesurer.

En me souvenant des professeurs, j'ai ressenti un profond respect. Comment pourrais-je montrer ma gratitude pour tout ce qu'ils m'ont fait, pour toutes les connaissances qu'ils avaient et qu'ils nous ont transmises ?

Remerciements ? Non ! C'était très peu à cause de ce qu'ils ont fait pour nous. Il n'y avait pas de paiement pour ce type de propriété achetée, le moins que je pouvais faire était de les avoir comme exemple. À partir de maintenant, toutes mes pensées et attitudes seront basées sur les vertus qu'elles ont démontrées pendant la période où nous étions ensemble.

Mon cœur déborde d'amour et d'affection, j'étais heureuse. Ce n'est pas le bonheur que, en la matière, nous cherchons comme synonyme de puissance, de confort et d'oisiveté. Le bonheur que j'ai ressenti était le résultat d'un désir ardent de travailler, de servir, d'aimer intensément toutes les manifestations de mon Dieu, parce qu'Il est tout pour moi, et je l'ai vu dans tous mes amis, frères et enseignants.

Les adieux ont commencé, je l'ai senti profondément. Certains membres de notre groupe changeraient d'emploi, enthousiasmés par d'autres façons de servir. Toutes les demandes de changement ont été acceptées, ce qui nous rend heureux. Seuls Lauro, Laís et moi continuions à étudier. Cependant, nous aussi, nous nous séparerions. Ils avaient tous les deux aller dans une Colonie d'étude, et j'irais dans une autre.

– Qu'est-ce que tu vas faire, Patricia ? – Nair a demandé.

– Je vais passer mes jours de congé avec la grand-mère et rendre visite à ma famille. Alors je retournerai étudier.

J'ai envie d'apprendre et de savoir.

J'ai mémorisé la conversation que j'ai eue avec mon ami António Carlos.

– Patricia – dit-il –. Je vous accompagnerai dans une Colonie d'étude, où vous prendrez un cours plus profond sur le plan spirituel et l'Évangile.

Il a parlé avec enthousiasme de cette Colonie.

– C'est beau, vous y trouverez de bons amis. C'est un pas de plus ; ensuite, je veux vous emmener à la Maison de l'Écrivain. Un lieu où vous allez étudier, apprendre à lire et à écrire, à dicter aux frères incarnés tout ce que vous voyez et apprenez.

– Vous aimez vraiment la Maison de l'Écrivain, n'est-ce pas ? – J'ai demandé

– Oui, j'adore cet endroit. C'est une Colonie où les frères qui aiment apprendre et enseigner se réunissent dans un effort mutuel pour diffuser la bonne littérature. Elle est merveilleuse !

Dans la salle de classe, nous parlons pendant une demi-heure, heureux et tristes en même temps. Tout le monde a senti la fin de ses études. Mais nous sommes heureux de l'avoir terminé. Personne ne pouvait dire que l'on était toujours le même qu'avant, nous nous sommes sentis enrichis.

Mme Isaura et Raimundo recevraient bientôt une autre classe. Frederico retournerait dans sa Colonie d'Études, où il enseignerait une certaine matière dans le cours de Médecine.

– Et Fleur Bleue ?

Quand on s'est souvenu de lui, cet ami est entré dans la salle.

– Je vous demande la permission d'être avec vous dans ces derniers moments.

Je l'ai serré dans mes bras pendant longtemps. J'ai préparé un remerciement formel avant, mais j'étais tellement contente que je ne pouvais que le dire :

– Merci !

Il a souri doucement et a essuyé les deux larmes têtues qui venaient de mes yeux sur mon visage.

– Maintenant, Fleur Bleue de Patricia, je suis retourné à mon travail habituel, à temps plein. Avec beaucoup d'avantages.

Je me suis fait plus d'amis. Nous nous sommes embrassés et nous avons promis de nous rencontrer.

Raimundo a demandé le silence. Notre ami instructeur n'avait pas grand-chose à dire. Avec un sourire sur ses lèvres, il nous a regardés affectueusement :

– Amis, je vous remercie d'avoir fait de ce cours une grande expérience d'apprentissage, pour avoir fait de ce travail une aide pour d'autres frères. Les connaissances acquises sont nos biens, des trésors qui nous enrichissent. C'était un plaisir de vivre avec vous. J'espère que vous mettrez en pratique ce que vous avez appris au cours de ces mois de cohabitation. Nous sommes en mesure d'aider, c'est merveilleux. Maintenant, unissons nos pensées pour remercier le Père, à qui nous devons tout.

La gratitude doit être en chacun de nous.

Il a été silencieux pendant un moment, laissant nos remerciements se concrétiser.

« Papa, merci pour tout » – j'ai pensé –. « Pour tout. Je suis très heureuse, j'ai reçu beaucoup, aidez-moi à toujours être digne de continuer à recevoir. »

Raimundo, avec une voix émue, a prié le Notre Père.

À la fin, nous applaudissons avec joie. J'étais heureuse d'avoir terminé une autre étape, un autre cours de beaucoup que j'avais envie de prendre.

FIN

Si vous avez aimé ce livre, que pensez-vous de le faire connaître à d'autres personnes ? Pourriez-vous en discuter avec vos proches, le donner à quelqu'un qui pourrait en avoir besoin ?

Finalment en Français, les meilleures œuvres de Vera Lúcia Marinzeck de Carvalho

WORLD SPIRITIST INSTITUTE

https://iplogger.org/2R3gV6

Milton Keynes UK
Ingram Content Group UK Ltd.
UKHW042258170324
439575UK00004B/307